AF673057

Lucy Maud Montgomery

Kilmeny im Obstgarten

Lucy Maud Montgomery

Kilmeny im Obstgarten

ROMAN

VERLAG 28 EICHEN
BARNSTORF

Aus dem Englischen übersetzt von Nadine Erler.

Das Original erschien 1910 unter dem Titel
Kilmeny of the Orchard,
bei L.C. Page and Company, Boston,
und liegt hier in der deutschen Erstausgabe vor.

Mit besonderem Dank an Allan Morris (Manchester)
für die Hilfe bei der Recherche.

Die Deutsche Bibliothek verzeichnet diese Publikation
in der Deutschen Nationalbibliographie.
Detaillierte bibliographische Daten sind im Internet über
http://dnb.ddb.de abrufbar.

ISBN 978-3-940597-82-3
© by Verlag 28 Eichen, Barnstorf 2015.
Cover unter Verwendung der des Gemäldes
„Danse à la ville" (1883) von Pierre-Auguste Renoir,
Musée d'Orsay, Paris,
© by Olaf R. Spittel 2015.

Alle Rechte vorbehalten.
Nachdruck, auch auszugsweise, verboten.
Kein Teil des Werkes darf ohne schriftliche Einwilligung in irgendeiner
Form (Fotokopie, Mikrofilm oder ein anderes Verfahren) reproduziert oder
unter Verwendung elektronischer Systeme verarbeitet, vervielfältigt
oder verbreitet werden.

Für meine Cousine Beatrice A. McIntyre.

Kilmeny look'd up with a lovely grace,
But nae smile was seen on Kilmeny's face;
As still was her look, and as still was her e'e,
As the stillness that lay on the emerant lea,
Or the mist that sleeps on a waveless sea.

Such beauty bard may never declare,
For there was no pride nor passion there;

Her seymar was the lily flower,
And her cheek the moss-rose in the shower;
And her voice like the distant melodye
That floats along the twilight sea.

The Queen's Wake (Kilmeny)
James Hogg

Inhalt

1. Die Gedanken der Jugend

Der blasse milde Sonnenschein einer der ersten Frühlingstage fiel auf die roten Backsteinbauten und den Rasen des Queenslea College, auf die kahlen Ahornbäume, an denen sich die ersten Knospen zeigten und auf die Ulmen, zeichnete feine, flackernde goldbraune Muster auf die Wege und hauchte den Narzissen Leben ein, die grün und vorwitzig unter den Fenstern des Ankleideraums der Studentinnen hervorschauten.

Der Aprilwind duftete frisch und süß, als wehe er über die Felder der Erinnerung statt durch schmutzige Straßen. Er rauschte in den Baumkronen und riß die verdorrten Blätter aus dem Efeu, der die Vorderseite des Hauptgebäude überwucherte. Der Wind sang von vielen Dingen, aber jeder Zuhörer vernahm nur seine eigenen Gedanken. Die Studenten des College hatten gerade ihre Mützen und Diplome aus der Hand von „Old Charlie", dem ehrwürdigen Präsidenten von Queenslea, bekommen. Um sie drängte sich eine Menge stolzer Bewunderer – Eltern, Geschwister, Freundinnen –, und für sie sang der Wind wahrscheinlich von glänzenden Hoffnungen, Erfolgen und Leistungen. Er sang von den Träumen der Jugend, die vielleicht nie ganz in Erfüllung gehen, aber die es um ihrer selbst willen wert sind, geträumt zu werden. Gott erbarme sich des Mannes, der nie solche Träume gehegt hat – der, wenn er seine Alma Mater verläßt, nicht zahlreiche

Luftschlösser besitzt! Er wurde um sein Geburtsrecht betrogen.

Die Menge strömte aus der Eingangshalle und zerstreute sich auf dem Campus und in den vielen Straßen rundherum. Eric Marshall und David Baker gingen zusammen weg.

Eric hatte seinen Abschluß in Literaturwissenschaft als Jahrgangsbester gemacht, und David war gekommen, um dabeizusein. Er platzte fast vor Stolz auf Erics Erfolg.

Zwischen den beiden bestand eine alte, bewährte Freundschaft, obwohl David zehn Jahre älter war als Eric, wenn man nach Jahren geht, und hundert Jahre älter an Erfahrung in den Sorgen und Nöten des Lebens, durch die ein Mensch viel schneller altert als durch das Vergehen der Zeit.

Die beiden Männer sahen sich nicht ähnlich, obwohl sie Cousins zweiten Grades waren. Eric Marshall war groß, breitschultrig, sehnig und ging mit leichtem, sicherem Schritt, der seine verborgene innere Kraft erahnen ließ. Er gehörte zu den Leuten, bei denen weniger begünstigte Sterbliche sich fragten, warum Fortuna ihr ganzes Füllhorn über einer einzigen Person ausgeschüttet hatte. Er war nicht nur intelligent und gutaussehend, sondern hatte auch jenen undefinierbaren Charme, der nichts mit äußerlicher Schönheit oder geistigen Fähigkeiten zu tun hat. Er hatte ruhige, graublaue Augen, dunkelbraunes welliges Haar mit einem Schimmer von Gold, wenn die Sonne darauf schien, und ein energisches Kinn, das auf einen starken Charakter schließen ließ. Er war der Sohn eines reichen Mannes, er hatte eine sorglose Jugend hinter und glänzende Zukunftsaussichten vor sich. Er galt als pragmatischer Zeitgenosse, frei von romantischen Träumen und Visionen jeglicher Art.

„Ich fürchte, Eric Marshall wird nie auch nur einmal etwas Abenteuerliches tun“, sagte ein Professor von

Queenslea, der eine Vorliebe für geheimnisvolle Epigramme hatte, „aber falls doch, wird es ihm die eine Eigenschaft geben, die ihm fehlt."

David Baker war ein kleiner, stämmiger Kerl mit einem häßlichen, unregelmäßigen und doch liebenswerten Gesicht, seine braunen Augen blickten aufmerksam und geheimnisvoll, sein Mund hatte eine lustige Art, sich zu verziehen – sarkastisch, spöttisch oder gewinnend, je nachdem, wie er gelaunt war. Seine Stimme war sanft und melodisch wie die einer Frau, aber die wenigen Leute, die David Baker in Wut gesehen hatten und wußten, wie er sich dann anhörte, wollten ihn nie wieder so erleben. Er war Arzt – Spezialist für Halskrankheiten – und stand im Begriff, sich im ganzen Land einen Namen zu machen. Er arbeitete am Queenslea Medical College, und man tuschelte, daß er bald eine wichtige Stelle an der McGill-Universität antreten würde.

Er hatte einen steinigen Weg hinter sich, voller Schwierigkeiten und Rückschläge, bei denen die meisten Männer aufgegeben hätten. Als Eric geboren wurde, war David Baker ein Laufbursche in dem großen Kaufhaus Marshall & Company. Dreizehn Jahre später bestand er sein Examen am Queenslea Medical College mit Auszeichnung. Mr. Marshall hatte ihm alle Unterstützung zukommen lassen, zu der Davids hartnäckiger Stolz sich überreden ließ, und nun bestand er darauf, den jungen Mann zu einem Postgraduiertenkurs nach London und Deutschland zu schicken. David Baker hatte jeden Cent zurückgezahlt, den Mr. Marshall für ihn ausgegeben hatte, aber seine tiefe Dankbarkeit für den gütigen, großzügigen Mann hatte nie nachgelassen, und er liebte den Sohn dieses Mannes mehr als einen Bruder. Er hatte Erics Collegelaufbahn aufmerksam beobachtet und hoffte, daß Eric Jura oder Medizin studieren würde, nun, da er Literaturwissenschaft abgeschlossen hatte. Er war bitter enttäuscht, als Eric beschloß, im Geschäft seines Vaters mitzuarbeiten.

„Du verschwendest deine Begabung", knurrte er, als sie nach Hause gingen. „Als Jurist würdest du eine glänzende Karriere machen – mit deiner Redegewandtheit bist du zum Anwalt geschaffen. Es ist ein Hohn gegenüber der Vorsehung, daß du sie dem schnöden Mammon opfern willst – du pfuschst dem Schicksal ins Handwerk. Wo ist dein Ehrgeiz, Mann?"

„Genau am richtigen Ort", lachte Eric. Er war leicht zum Lachen zu bringen. „Es ist vielleicht nicht deine Art von Ehrgeiz, aber alle haben ihren Platz in unserem schönen, jungen Land. Ja, ich steige ins Geschäft ein. Erstens ist es seit meiner Geburt Vaters sehnlichster Wunsch, und er wäre sehr enttäuscht, wenn ich jetzt einen Rückzieher machen würde. Er wollte, daß ich Literaturwissenschaft studiere, weil er fand, daß jeder die liberalste Bildung bekommen sollte, die er sich leisten kann, aber nun möchte er mich im Geschäft dabeihaben."

„Er würde dich nicht aufhalten, wenn du wirklich andere Pläne hättest."

„Nein – aber ich habe keine anderen Pläne, David, und das ist der springende Punkt, mein Lieber. Dir ist das Leben eines Geschäftsmannes so zuwider, es will dir einfach nicht in den Kopf, daß es einem anderen gefallen könnte. Es gibt viele Anwälte auf der Welt – vielleicht zuviele –, aber es gibt nie zuviele gute ehrliche Geschäftsleute, die bereit sind, große Taten für das Wohl der Menschheit und den Fortschritt des Landes zu vollbringen, große Unternehmen zu planen und sie mit Geist und Mut durchzuführen, zu leiten und zu kontrollieren, sich große Ziele zu setzen und sie zu erreichen! Ach herrje, das sind wohlklingende Phrasen – ich höre lieber damit auf. Aber Ehrgeiz, Mann? Ich brenne vor Ehrgeiz – ich quelle beinahe über! Ich will das Kaufhaus Marshall & Company auch in Übersee berühmt machen. Vater hat sein Leben als armer Junge auf einer Farm in Nova Scotia begonnen. Er hat ein Geschäft aufgebaut, das in der Provinz bekannt ist. Ich will es vergrößern. In fünf Jahren soll es an der Küste bekannt sein und in zehn Jahren in ganz Kanada. Das Markenzeichen Marshall & Company soll eine große Rolle in den Handelsinteressen von Kanada spielen! Ist das nicht mindestens so ehrenwert wie der Versuch, vor Gericht einen Verbrecher reinzuwaschen, oder neue Krankheiten mit abschreckenden Namen zu finden und damit einige arme Tröpfe zu quälen, die sonst friedlich sterben würden, ohne zu ahnen, welches Leiden sie hatten?“

„Wenn du anfängst, schlechte Witze zu machen, diskutiert man am besten nicht weiter mit dir“, sagte David und zuckte seine runden Schultern. „Geh deinen eigenen Weg und tu das, was für dich richtig ist. Ich traue mir eher zu, eine Zitadelle auf eigene Faust zu erstürmen, als dir etwas auszureden, das du dir einmal in den Kopf gesetzt hast. Uff, diese Straße ist steil, ich bin schon ganz außer Atem! Was haben unsere Vorfahren sich dabei gedacht, eine Stadt auf dem Hang eines Hügels zu errichten? Ich bin nicht mehr so schlank und beweglich wie bei *meinem* Abschluß vor zehn Jahren! Übrigens, es waren viele Mädchen in deinem Jahrgang – zwanzig, wenn ich richtig gezählt habe. Als ich meinen Abschluß gemacht habe, waren nur zwei Damen dabei, und die waren die ersten Vertreterinnen ihres Geschlechts in Queenslea. Sie hatten ihre Jugend schon hinter sich und waren grimmige, abgehärmte Geschöpfe – selbst in ihren besten Zeiten hätten sie nicht in einen Spiegel gesehen! Aber denk daran, sie waren hervorragend – ja, ganz hervorragend. Die Zeiten haben sich sehr geändert, wenn man nach der Zahl der Studentinnen von heute geht! Es war ein Mädchen dabei, das nicht älter als achtzehn sein kann – und sie sah aus, als bestünde sie aus Gold und Rosenblättern und Tautropfen!“

„Das Orakel spricht poetisch“, lachte Eric. „Das war Florence Percival, die Jahrgangsbeste in Mathematik, so wahr ich hier stehe. Viele fanden, sie sei die Schönheit des Kurses. Das kann ich nicht finden – ich habe nicht viel für diese blonde, kindliche Art von Schönheit übrig. Mir ist Agnes Campion lieber – hast du sie bemerkt? Das große dunkelhaarige Mädchen mit der kunstvollen Zopffrisur und den roten Wangen, das eine Auszeichung in Philosophie bekommen hat?“

„Ich *habe* sie bemerkt“, betonte David mit einem eifrigen Seitenblick auf seinen Freund. „Ich habe sie außerdem sehr kritisch gemustert, denn jemand hinter mir hat ihren Namen geflüstert – und meinte, Miss Campion sei die zukünftige Mrs. Eric Marshall. Daraufhin habe ich sie die ganze Zeit angestarrt!“

„Die Geschichte stimmt nicht“, sagte Eric ärgerlich. „Agnes und ich sind gute Freunde, aber mehr nicht. Ich mag sie und bewundere sie mehr als irgendeine andere Frau, die ich kenne, aber wenn es die zukünftige Mrs. Eric Marshall wirklich gibt, dann bin ich ihr noch nicht begegnet. Ich habe noch nicht einmal begonnen, nach ihr Ausschau zu halten – und habe es auch in den nächsten Jahren nicht vor. Ich habe andere Dinge im Kopf“, schloß er abfällig. Für diesen Ton würde er eines Tages bestraft werden, wenn Cupido nicht taub und blind wäre.

„Du wirst ihr eines Tages begegnen“, sagte David trocken. „Und trotz deines verächtlichen Schnaubens wage ich zu prophezeien, daß du, wenn sie nicht binnen kurzem deinen Weg kreuzt, sehr bald beginnen wirst, nach ihr Ausschau zu halten. Ein Wort der Warnung, o Sohn deiner Mutter. Wenn du anfängst, einer Dame den Hof zu machen, behalte deinen gesunden Menschenverstand.“

„Glaubst du, daß ich ihn verlieren würde?“ fragte Eric belustigt.

„Nun, ich mißtraue dir“, sagte David und wiegte weise den Kopf. „Das Blut aus den schottischen Lowlands, das in deinen Adern fließt, ist schon in Ordnung, aber du hast einen keltischen Einschlag von deiner kleinen Großmutter aus den Highlands! Wenn ein Mann *das* hat, weiß man nie, wo es zum Ausbruch kommen wird oder auf welche Irrwege es ihn führen wird, vor allem, wenn es um Liebe geht. Du bist sehr wohl imstande, wegen einer dummen Gans oder einer Hexe mit hübschem Gesicht den Kopf zu verlieren und dich für den Rest deines Lebens unglücklich zu machen. Wenn du dir eine Frau suchst, denk daran, daß ich mir vorbehalte, dir meine ehrliche Meinung über sie zu sagen!“

„Du darfst *deine* Meinung gern sagen, so oft du willst, aber allein *meine* Meinung wird die Sache entscheiden“, antwortete Eric.

„Geh zum Teufel, du sturer Ableger einer sturen Familie“, grummelte David und sah ihn liebevoll an. „Ich kenne dich, und deshalb werde ich mir immer Sorgen um dich machen, bis du mit der richtigen Frau verheiratet bist. Sie ist nicht schwer zu finden. Neun von zehn Mädchen in diesem unserem Land sind für das Schloß eines Königs geeignet. Aber man muß immer auf der Hut vor dem zehnten sein!“

„Du bist genauso schlimm wie die kluge Else aus dem Märchen, die sich Sorgen wegen der Zukunft ihrer ungeborenen Kinder macht“, protestierte Eric.

„Die kluge Else wurde zu Unrecht ausgelacht“, sagte David ernst. „Wir Ärzte wissen das. Vielleicht waren ihre Sorgen etwas übertrieben, aber grundsätzlich hatte sie recht. Wenn sich die Leute etwas mehr um ihre ungeborenen Kinder sorgen würden – zumindest so sehr, daß sie ihnen ein ordentliches Erbe mitgeben, körperlich, geistig und moralisch –, dann müßten sie sich keine Sorgen mehr machen, *nachdem* sie geboren sind. Diese Welt wäre ein wesentlich angenehmerer Ort, und die Menschheit würde in einer Generation größere Fortschritte machen als in der ganzen überlieferten Geschichte.“

„Oh, wenn du auf dein Lieblingsthema Vererbung zu sprechen kommst, streite ich mich nicht mit dir, David, Mann. Aber wenn du mich drängst, möglichst bald zu heiraten, warum – “ Eric wollte sagen „Warum heiratest du nicht selbst die richtige Frau und gibst mir ein gutes Beispiel?“ Aber er hielt sich zurück. Er wußte, daß es in David Bakers Leben eine alte Wunde gab, die nicht aufgerissen werden sollte, nicht einmal durch Scherze des besten Freundes. Er änderte seine Frage in: „Warum überläßt du diese Sache nicht den Göttern, die zu bestimmen haben? Ich dachte immer, daß du fest an Vorbestimmung glaubst, David.“

„Nun, das tue ich auch, bis zu einer gewissen Grenze“, sagte David vorsichtig. „Ich glaube das, was eine großartige alte Tante von mir zu sagen pflegte: Was sein soll, kommt, und was nicht sein soll, passiert manchmal. Und es sind genau diese unwahrscheinlichen Ereignisse, die Unglück bringen. Du hältst mich sicher für einen komischen Kauz, Eric, aber ich weiß mehr von der Welt als du, und ich glaube ebenso wie Alfred Tennyson, daß ‚kein feinrer Meister unterm Himmel lebt, als jungfräuliche Glut für eine Jungfrau‘[1]. Ich möchte dich so bald wie möglich mit einer guten Frau im sicheren Hafen der Ehe sehen, das ist alles. Ich finde es eigentlich schade, daß Miss Campion nicht deine Zukünftige ist. Mir gefällt ihr Aussehen, jawohl. Sie ist gut und stark und wahrhaftig – und ihr Blick sagt mir, daß sie eine Frau ist, die aufrichtig lieben kann. Außer-

1 Aus: Alfred Tennyson: *Idylls of the King*, zitiert aus der Übersetzung von Werner Scholz (Anm. d. Übers.).

dem ist sie aus einer guten Familie, gut erzogen und gebildet – drei unschätzbare Qualitäten, wenn du eine Frau suchst, die den Platz deiner Mutter einnehmen kann, mein Freund!“

„Ich gebe dir recht“, sagte Eric leichthin. „Ich würde keine Frau heiraten, die diese Voraussetzungen nicht erfüllt. Aber wie gesagt, ich bin nicht in Agnes Campion verliebt – es hätte auch keinen Sinn, wenn ich es wäre, denn sie ist mit Larry West so gut wie verlobt. Erinnerst du dich an West?“

„Der dünne, langbeinige Kerl, mit dem du in deinen ersten beiden Jahren in Queenslea soviel zusammen warst? Ja – was ist aus ihm geworden?“

„Er mußte das Studium nach zwei Jahren aus finanziellen Gründen unterbrechen – er bezahlt sein Studium nämlich selbst. Seit zwei Jahren unterrichtet er an einer Schule auf Prince Edward Island – in irgendeinem Nest, wo sich Fuchs und Hase gute Nacht sagen! Armer Kerl, es geht ihm nicht gut – er war immer kränklich und hat unermüdlich studiert. Ich habe seit Februar nicht mehr von ihm gehört. Er sagte damals, er fürchte, nicht mehr bis zum Ende des Schuljahres durchzuhalten. Ich hoffe, Larry klappt nicht zusammen! Er ist ein feiner Kerl und sogar Agnes Campion würdig. So, da wären wir. Kommst du noch mit hinein, David?“

„Nicht heute nachmittag – ich habe keine Zeit. Ich muß nach North End zu einem Mann mit einer wunderbaren Kehle. Niemand weiß, was mit ihm los ist. Alle Ärzte sind ratlos. Ich bin es auch, aber ich werde herausfinden, was er hat, wenn er nur lange genug lebt.“

2. Ein schicksalhafter Brief

Eric stellte fest, daß sein Vater noch nicht aus dem College zurück war. Er ging in die Bibliothek und setzte sich, um einen Brief zu lesen, der auf dem Tisch in der Halle gelegen hatte. Der Brief war von Larry West, und nach den ersten Zeilen verschwand der abwesende Ausdruck aus Erics Gesicht und machte einer interessierten Miene Platz.

„Ich schreibe Dir, um Dich um einen Gefallen zu bitten, Marshall", schrieb West. „Ich bin den Philistern in die Hände gefallen – das heißt, den Ärzten! Es ging mir den ganzen Winter schlecht, aber ich habe durchgehalten und gehofft, das ganze Jahr zu schaffen. Letzte Woche hat meine Wirtin – eine Heilige mit Brille und Strickstrumpf – mich am Frühstückstisch angesehen und *sehr* milde gesagt: ‚Sie müssen morgen in die Stadt gehen, Mister, und einen Arzt aufsuchen.'

Ich habe den Befehl befolgt. Mrs. Williamson ist jemand, dem man gehorcht. Sie hat eine unbequeme Art, einen zu überzeugen, daß sie völlig recht hat, und daß man ein Dummkopf ist, wenn man ihren Rat nicht annimmt. Man hat das Gefühl, daß ihre heutigen Gedanken morgen die eigenen sein werden.

Ich war beim Arzt in Charlottetown. Er hat mich abgeklopft und mit Instrumenten abgehorcht und schließlich gesagt, daß ich *sofort* mit der Arbeit aufhören und mich sofort in ein Klima begeben muß, das im Frühling nicht vom Nordostwind auf Prince Edward Island betroffen ist. Ich darf bis Herbst nicht mehr arbeiten. Das war sein Urteilsspruch, und Mrs. Williamson gibt ihm recht.

Ich werde diese Woche noch unterrichten, und danach sind drei Wochen Frühlingsferien. Ich möchte, daß Du herkommst und mich in der Lindsay School vertrittst für die letzte Woche im Mai und im Juni. Das Schuljahr endet dann, und es werden sich viele Lehrer für die Stelle bewerben, aber gerade jetzt kann ich keinen passenden Ersatz finden. Einige Schüler bereiten sich auf die Aufnahmeprüfung der Queen's Academy vor, und ich möchte sie nicht im Stich lassen oder sie einem drittklassigen Lehrer ausliefern, der nur wenig Latein und noch weniger Griechisch kann. Komm her und unterrichte bis zum Ende des Trimesters, Du verhätschelter Sohn des Luxus. Es wird Dir gut bekommen, zu erfahren, wie reich man sich fühlt, wenn man fünfundzwanzig Doller im Monat mit der eigenen, unabhängigen Arbeit verdient!

Im Ernst, Marshall, ich hoffe, daß Du kommen kannst, denn ich weiß nicht, wen ich sonst fragen soll. Die Arbeit ist nicht schwer, obwohl Du sie wahrscheinlich eintönig finden wirst. Natürlich ist dieses kleine Bauerndorf an der Nordküste kein Platz, an dem das Leben tobt. Die aufregendsten Ereignisse des Tages sind der Sonnenaufgang und -untergang. Aber die Leute sind liebenswürdig und gastfreundlich, und Prince Edward Island ist im Juni ein so schöner Flecken Erde, wie man ihn sonst nur in glücklichen Träumen sieht. Es gibt Forellen im Teich, und im Hafen triffst Du immer einen alten Fischer, der Dich gern auf den Hummer- oder Dorschfang mitnimmt!

Ich werde Dir mein Quartier abtreten. Es ist gemütlich und nur einen Katzensprung von der Schule entfernt. Mrs. Williamson ist der liebenswerteste Mensch der Welt und eine dieser altmodischen Köchinnen, die einen mehr als gut versorgen und Gold wert sind.

Ihr Mann Robert – oder Bob, wie ihn alle nennen, obwohl er schon sechzig ist – ist ein Charakter für sich. Er ist ein unterhaltsamer, redseliger Bursche, mit einem Hang zu anzüglichen Kommentaren, der sich gern überall einmischt. Er weiß alles über jeden in Lindsay, und zwar über die letzten drei Generationen!

Sie haben keine Kinder, aber der alte Bob hat einen schwarzen Kater, der sein Augapfel ist. Das Tier heißt Timothy und darf nie anders genannt werden. Wenn Dir etwas an Roberts Freundschaft liegt, laß ihn niemals hören, daß Du seinen Liebling ‚den Kater' oder auch nur ‚Tim' nennst. Er wird Dir nie verzeihen und finden, daß Du nicht geeignet bist, an der Schule zu unterrichten.

Du bekommst mein Zimmer, eine kleine Kammer über der Küche, mit einer Dachschräge, an der Du Dir x-mal den Kopf stoßen wirst, bis Du Dich daran gewöhnt hast, daß sie da ist, und einen Spiegel, der eins deiner Augen klein wie eine Erbse macht und das andere so groß wie eine Orange. Aber dafür gibt es reichlich Handtücher, und der Blick auf den Hafen ist hinreißend schön. Gerade jetzt geht die Sonne unter, und ich sehe ein Meer aus Glas und Feuer, wie der Prophet von Patmos in seinen Visionen. Ein Schiff segelt dem goldenen Sonnenuntergang entgegen, das gleißende Licht an der Küste blitzt auf wie ein Leuchtturm, ‚umtost vom Sturmmeer, im verlornen Märchenland'[2]. Telegrafiere mir, ob Du kommen kannst, und wenn ja, fängst Du am 23. Mai an."

Mr. Marshall senior trat ein, als Eric den Brief gedankenverloren zusammenfaltete.

Erics Vater glich eher einem freundlichen alten Pfarrer oder Wohltäter als dem arbeitsamen, gewitzten, etwas harten, wenn auch gerechten und ehrlichen

2 Aus: John Keats, *Ode an eine Nachtigall*, zitiert aus der Übersetzung von Mirko Bonné (Anm. d. Übers.).

Geschäftsmann, der er tatsächlich war. Er hatte ein rundes, rosiges Gesicht mit weißem Schnurrbart, langes weißes Haar und einen geschürzten Mund. Nur seine blauen Augen funkelten auf eine Art, die schon manchen von dem Versuch abgeschreckt hatte, ihn bei einem Geschäft über den Tisch zu ziehen.

Man sah sofort, daß Eric sein gutes Aussehen von seiner Mutter geerbt hatte. Ihr Bild hing an der dunklen Wand zwischen den Fenstern. Sie war früh gestorben, als Eric zehn Jahre alt gewesen war. Sie war das Ein und Alles ihres Mannes und ihres Sohnes gewesen, und das schöne, freundliche, ausdrucksvolle Gesicht auf dem Bild zeigte, daß sie ihrer Liebe und Verehrung würdig gewesen war. Eine männliche Ausgabe dieses Gesichts fand sich bei Eric wieder, das kastanienbraune Haar fiel ihm genauso in die Stirn, seine Augen waren wie ihre, und in Momenten der Schwermut hatten sie einen ähnlichen Ausdruck – halb grübelnd, halb zärtlich.

Mr. Marshall war sehr stolz auf den Erfolg seines Sohnes, aber er hatte nicht vor, es sich anmerken zu lassen. Er liebte seinen Sohn, der die Augen seiner Frau hatte, über alles, und setzte seine ganzen Hoffnungen auf ihn.

„So, der Zirkus hat ein Ende, Gott sei Dank“, sagte er mürrisch und ließ sich in seinen Lieblingssessel fallen.

„Fandest du das Programm nicht interessant?“ fragte Eric geistesabwesend.

„Das meiste war Firlefanz“, sagte sein Vater. „Mir hat nur Charlies lateinisches Gebet gefallen – und die hübschen kleinen Mädchen, die nach vorne marschiert sind, um ihre Diplome zu bekommen. Latein ist *die* Sprache zum Beten, finde ich – jedenfalls, wenn man so eine Stimme hat wie Old Charlie. Die Worte hatten einen so intensiven Klang, der mir durch Mark und

Bein ging. Und diese Mädchen waren schön wie Lilien, nicht wahr? Ich fand Agnes am hübschesten. Ich hoffe, es stimmt, daß du ihr den Hof machst, Eric?“

„Zum Kuckuck, Vater“, sagte Eric, halb ärgerlich und halb belustigt. „Hast du dich mit David Baker verschworen, mich in den Hafen der Ehe zu lotsen, ob ich will oder nicht?“

„Ich habe mit David Baker nie über so etwas gesprochen“, versicherte Mr. Marshall.

„Du bist aber genauso schlimm wie er. Er hat mir auf dem Nachhauseweg die ganze Zeit damit in den Ohren gelegen. Warum hast du es so eilig, mich zu verheiraten, Dad?“

„Weil wir eine Frau brauchen, die aus dem Haus ein Zuhause macht. Das fehlt uns, seit deine Mutter gestorben ist. Ich habe genug von Haushälterinnen. Und ich will deine Kinder auf meinen Knien schaukeln, bevor ich sterbe, Eric, und ich bin inzwischen ein alter Mann.“

„Das ist ein ganz natürlicher Wunsch, Vater“, sagte Eric milde und warf einen Blick auf das Foto seiner Mutter. „Aber ich kann nicht einfach loslaufen und überstürzt irgendeine heiraten, oder? Und ich fürchte, es ist keine gute Idee, eine Zeitungsanzeige aufzugeben – nicht einmal in dieser Zeit unternehmerischer Tüchtigkeit.“

„Gibt es denn *keine,* die dir gefällt?“ fragte Mr. Marshall. Er sah gnädig über die frivolen Scherze junger Leute hinweg.

„Nein. Ich habe noch keine Frau getroffen, die mir Herzklopfen verursacht hat.“

„Ich weiß nicht, was die jungen Männer heutzutage haben“, knurrte sein Vater. „Ich war schon ein halbes Dutzend mal verliebt, bevor ich so alt war wie du!“

„Du warst vielleicht *verliebt.* Aber du hast nie eine Frau *geliebt,* bis du Mutter begegnet bist. Das weiß ich,

Vater. Und als es passierte, hattest du schon einige Lebenserfahrung."

„Dir kann man es auch nicht rechtmachen. Das ist der Grund – das ist der Grund!"

„Vielleicht stimmt das. Wenn ein Mann so eine Mutter hatte wie ich, dann sind seine Ansprüche an weibliche Liebenswürdigkeit sehr hoch. Lassen wir das Thema, Vater. Lies bitte diesen Brief hier – er ist von Larry."

„Hmpf!" machte Mr. Marshall, als er zu Ende gelesen hatte. „Also wirft Larry das Handtuch. Ich habe es immer erwartet – ich habe es immer erwartet. Ein Jammer – er ist ein feiner Kerl! Nun, gehst du?"

„Ich denke ja, wenn du nichts dagegen hast."

„Du wirst dich furchtbar langweilen, seiner Beschreibung von Lindsay nach zu urteilen."

„Wahrscheinlich. Aber ich gehe ja nicht zum Vergnügen hin, sondern um Larry zu helfen und die Insel kennenzulernen."

„Die Insel ist einen Besuch wert, jedenfalls zu bestimmten Jahreszeiten", stimmte Mr. Marshall zu. „Wenn ich im Sommer auf Prince Edward Island bin, verstehe ich immer einen alten Mann aus Nova Scotia, den ich einmal in Winnipeg getroffen habe. Er sprach immer von ‚der Insel'. Einmal fragte ihn jemand: ‚Welche Insel meinen Sie?' Er sah den ahnungslosen Mann nur an und sagte: ‚Prince Edward Island natürlich, Mann! Was gibt es noch für Inseln?' Geh, wenn du möchtest. Nach dem Examensstreß brauchst du eine Pause, bevor du im Geschäft anfangen kannst. Und hüte dich vor Dummheiten, junger Mann!"

„In einem Ort wie Lindsay werde ich nicht viel Gelegenheit zu Dummheiten haben, glaube ich", lachte Eric.

„Wahrscheinlich verleitet der Teufel die Bösewichter in Lindsay ebenso zum Schlechten wie überall woanders auch. Die schlimmste Tragödie, von der ich je gehört habe, ist auf einem abgelegen Bauernhof passiert, fünfzehn Meilen entfernt von der Eisenbahnlinie und fünf Meilen von einem Laden. Aber ich erwarte, daß der Sohn deiner Mutter die Menschen achtet und Gott fürchtet. Das Ärgste, das dir dort widerfahren kann, wird wohl sein, daß eine törichte Frau dich in ihrem Gästezimmer einquartiert. Und wenn das passiert, dann gnade dir Gott!“

3. An der Lindsay School

Einen Monat später verließ Eric Marshall eines Abends das alte, weiß verputzte Schulgebäude von Lindsay und schloß die Tür ab. Die Tür war mit eingeritzten Initialen übersät und war doppelt verschalt, um allen Angriffen zu trotzen, denen sie ausgesetzt war.

Erics Schüler waren schon vor einer Stunde gegangen, aber er war länger geblieben, um einige Algrebra-Probleme zu lösen und Lateinübungen der Fortgeschrittenen zu korrigieren.

Warme Sonnenstrahlen fielen auf den dichten Ahorngrund im Westen und tauchten ihn in goldenes Leuchten. In einer abgelegenen Ecke des Schulhofs zupften ein paar Schafe an dem saftigen Gras, irgendwo in den Ahornwäldern war das leise, musikalische Läuten einer Kuhglocke zu hören, und in der kristallklaren Luft lag trotz ihrer Milde immer noch ein Hauch der gesunden Herbheit und Frische des kanadischen Frühlings. Die ganze Welt schien für den Augenblick in einen süßen Traum versunken zu sein.

Es war sehr idyllische Szene – beinahe zu sehr, dachte der junge Mann und zuckte die Schultern, als er auf den ausgetretenen Stufen stand und seinen Blick über die Landschaft schweifen ließ. Wie sollte er es einen ganzen Monat aushalten? Das fragte er sich mit einem selbstironischen Lächeln.

Vater würde lachen, wenn er wüßte, daß ich es jetzt schon satt habe, dachte er, als er den Schulhof überquerte und die lange rote Straße erreichte, die hinter der Schule entlangführte. Nun ja, eine Woche ist immerhin schon überstanden. Ich kann zum erstenmal in meinen vierundzwanzig Lebensjahren sagen, daß ich fünf Tage lang mein Brot selbst verdient habe – ein erhebender Gedanke! Aber an der Lindsay District School zu unterrichten, ist definitiv *nicht* erhebend – jedenfalls nicht in einer so manierlichen Schule, in der die Schüler so schrecklich gut sind, daß ich nicht einmal das traditionelle Vergnügen habe, aufsässigen Jungen den Hintern zu versohlen. Alles läuft wie ein Uhrwerk! Larry muß ein besonderes Organisationstalent gehabt und sich in Respekt gesetzt haben. Ich fühle mich wie das Rad einer Maschine, die von selbst läuft. Mir ist aber klar, daß einige Schüler noch nicht aufgetaucht sind, und nach allem, was ich gehört habe, wurde ihnen der alte Adam noch nicht ganz ausgetrieben. Die werden für etwas Abwechslung sorgen. Auch ein paar mehr Aufsätze wie der von John Reid würden etwas Farbe in den grauen Alltag bringen!"

Eric lachte schallend, als er in die Straße einbog, die den langen Hügel abwärts führte. Er hatte seine Viertkläßler selbst entscheiden lassen, über welche Themen sie einen Aufsatz schreiben wollten. John Reid, ein nüchterner kleiner Kerl ohne einen Funken Humor, hatte sich von dem geflüsterten Vorschlag seines frechen Banknachbarn dazu verleiten lassen, über „Verliebtsein" zu schreiben. Sein erster Satz brachte Eric zum Lachen, sobald er daran dachte: „Verliebtsein ist eine sehr schöne Sache, die viele Leute zu weit treibt."

Die abgelegenen Hügel und waldigen Höhenzüge waren in feine Schleier aus Perlgrau und Purpur gehüllt. Die jungen Ahornbäume mit ihrem grünen Laub säumten die Straße zu beiden Seiten. In der Ferne lagen smaragdgrüne Felder im Sonnenschein, auf die die Wolken ihre Schatten warfen. Noch weiter weg schlummerte ein stiller, blauer Ozean, dessen Murmeln man nie vergißt, wenn man das Glück hat, zu seinem Klang geboren worden zu sein.

Dann und wann begegnete Eric einem barfüßigen Jungen im Karohemd zu Pferd oder einem verschmitzt blickenden Bauern in einem Wagen, der ihm zunickte und vergnügt rief: „Wie geht's, Master?"

Ein junges Mädchen mit ovalem, rosigem Gesicht, Grübchen in den Wangen, schönen, dunklen Augen und scheuer Koketterie im Blick kam an ihm vorbei und sah aus, als habe sie nichts gegen eine nähere Bekanntschaft mit dem neuen Lehrer.

Als er den Hügel hinabging, traf Eric auf ein langsam dahintrottendes graues, altes Pferd. Es war vor einen Postwagen gespannt, der schon bessere Tage gesehen hatte. Auf dem Kutschbock saß eine Frau. Sie schien eine von den düsteren Zeitgenossen zu sein, die nie im Leben ein romantisches Gefühl gehegt haben. Sie hielt ihr Pferd an und winkte Eric mit dem Griff ihres verblichenen Schirmes zu sich.

„Nehme an, Sie sind der neue Lehrer, stimmt's?" fragte sie.

Eric bejahte.

„Also, ich bin froh, Sie zu sehen", sagte sie. Die Hand, die sie ihm reichte, steckte in einem oft gestopften Baumwollhandschuh, der einmal schwarz gewesen war. „Ich fand es sehr schade, daß Mr. West gegangen ist, denn er war ein guter Lehrer – und der sanftmütigste Mensch, den es je gab. Aber ich habe immer gesagt, wenn jemand Schwindsucht hatte, dann er. *Sie* sehen völlig gesund aus – obwohl man das ja auch nicht immer am Aussehen erkennen kann. Ich hatte einen Bruder, der aussah wie Sie, aber er ist bei einem Zugunglück im Westen ums Leben gekommen, und er war noch sehr jung. Nächste Woche schicke ich meinen Sohn zu Ihnen in die Schule. Er hätte schon diese

Woche gehen sollen, aber ich mußte ihn zu Hause behalten, damit er mir beim Kartoffelsetzen hilft. Sein Vater ist nicht zum Arbeiten zu bewegen. Sandy – sein voller Name ist Edward Alexander – nach seinen beiden Großvätern – haßt den Gedanken an die Schule wie die Pest – aber er muß gehen, denn ich bestehe darauf, daß ihm ein bißchen mehr Bildung eingehämmert wird. Ich fürchte, er wird Ihnen Ärger machen, Master, er ist dumm wie Bohnenstroh und stur wie ein Esel. Aber denken Sie daran, Master, ich bin auf Ihrer Seite. Verdreschen Sie Sandy nur ordentlich, wenn er es nötig hat, und wenn Sie ihm einen Zettel mitgeben, verpasse ich ihm noch eine Tracht Prügel. Manche Leute halten immer zu ihren Kindern, wenn die in der Schule etwas hintendrauf bekommen haben, aber so war ich nie. Auf Rebecca Reid können Sie immer zählen, Master."

„Danke. Davon bin ich überzeugt", sagte Eric in seinem liebenswürdigsten Tonfall.

Er verzog keine Miene, bis Mrs. Reid außer Sichtweite war, und als sie weiterfuhr, war ihr ledernes altes Herz weicher geworden. Viele Jahre voller Armut, Plackerei und ein Mann, der nicht zum Arbeiten zu bewegen war, hatten es so abgehärtet, daß es kein sehr empfängliches Organ mehr war, wenn es um Angehörige des anderen Geschlechtes ging.

Mrs. Reid sinnierte darüber, daß dieser junge Mann etwas Besonderes an sich hatte.

Eric kannte schon die meisten Bewohner von Lindsay vom Sehen, aber am Fuß des Hügels traf er zwei Leute, einen Mann und einen Jungen, die er nicht kannte. Die beiden saßen in einem schäbigen, altmodischen Wagen und ließen ihr Pferd an dem klaren Bach trinken, der blubbernd unter der kleinen Holzbrücke floß.

Eric sah sie neugierig an. Sie sahen nicht aus wie die typischen Bewohner von Lindsay. Vor allem der Junge hatte etwas entschieden Fremdländisches an sich, obwohl er ein Baumwollhemd und Hosen aus selbstgesponnenem Leinen trug – so gingen die meisten Bauernjungen von Lindsay aufs Feld. Er war schmal und geschmeidig, mit abfallenden Schultern. Der offene Hemdkragen ließ den gebräunten Hals frei. Er hatte eine Unmenge dichter, seidiger schwarzer Locken, und seine Hände waren ungewöhnlich lang und schmal. Sein Gesicht war ausdrucksvoll, die Haut gebräunt, die Wangen leicht gerötet. Sein Mund war rot und schön wie der eines Mädchens, die Augen groß, kühn und schwarz. Alles in allem war er ein außerordentlich gutaussehender junger Mann, aber seine Miene war mürrisch, und er erinnerte Eric an eine Katze, die sich in träger Anmut sonnt, aber jederzeit zu einem plötzlichen Sprung bereit ist.

Der andere Mann im Wagen war zwischen fünfundsechzig und siebzig, hatte eisengraues Haar, einen langen, dichten grauen Bart, grobe Gesichtszüge und tiefliegende braune Augen und buschige Brauen. Er war groß, von magerer, unansehnlicher Gestalt und hatte hängende Schultern. Sein Mund war verkniffen und unerbittlich und sah aus, als habe er nie gelächelt. Der bloße Gedanke an ein Lächeln dieses Mundes war absurd. Aber das Gesicht hatte nichts Abstoßendes an sich, und etwas darin weckte Erics Aufmerksamkeit.

Er war stolz darauf, in Gesichtern lesen zu können, und er war sicher, daß dieser Mann keiner der leutseligen, gesprächigen Bauern aus Lindsay war, mit denen er es sonst zu tun hatte.

Noch lange nachdem der alte Wagen mit dem ungleichen Paar den Hügel hinaufgepoltert war, dachte Eric an den streng blickenden Mann mit den buschigen Brauen und den Jungen mit den schwarzen Augen und dem roten Mund.

4. Ein Gespräch beim Tee

Das Haus der Williamsons, bei denen Eric wohnte, lag auf der Spitze des Hügels. Er fühlte sich dort wohl, genau wie Larry West vorhergesagt hatte. Die Williamsons und ganz Lindsay gingen davon aus, daß er ein armer Student war, der sich allein durchschlug, wie Larry West vor ihm. Eric äußerte sich nicht dazu.

Die Williamsons saßen in der Küche beim Tee, als Eric hereinkam. Mrs. Williamson war die „Heilige mit Brille und Strickstrumpf", wie Larry West sie genannt hatte. Eric mochte sie sehr. Sie war eine zierliche, grauhaarige Frau und hatte ein schmales, freundliches, feingeschnittenes Gesicht, auf dem Kummer und Sorgen deutliche Spuren hinterlassen hatten. Sie sprach für gewöhnlich nicht viel, aber was sie sagte, hatte Hand und Fuß. Erich konnte sich nicht genug darüber wundern, warum eine solche Frau Robert Williamson geheiratet hatte.

Sie lächelte Eric mütterlich an, als er seinen Hut an die verputzte Wand hängte und sich an den Tisch setzte. Draußen vor dem Fenster, vor dem er saß, befand sich ein Birkengrund. Im Licht der westlichen Sonne und bei dem leichten Wind war es ein einziges flirrendes Leuchten.

Der alte Robert Williamson saß Eric gegenüber auf einer Bank. Er war ein kleiner, magerer, alter Mann und versank beinahe in seinen weiten Sachen, die ihm viel zu groß waren. Seine dünne, piepsige Stimme paßte genau zu seinem Äußeren.

Am anderen Ende der Bank hatte Timothy seinen Platz. Der Kater war glattgeleckt und selbstgefällig, mit schneeweißer Brust und weißen Pfoten. Robert gab ihm nach jedem Bissen, den er selber nahm, ein Stückchen, was es auch war, und Timothy verzehrte es manierlich und ließ ein dankbares Schnurren hören.

„Wie Sie sehen, warten wir auf Sie, Master", sagte der alte Robert. „Sie sind spät heute abend. Haben Sie welche von den Gören nachsitzen lassen? Es ist dumm, sie so zu bestrafen, denn das trifft Sie genauso wie die Schüler. Ein Lehrer, den wir vor vier Jahren hatten, hat sie immer eingeschlossen und ist nach Hause gegangen. Eine Stunde später ist er wieder hingegangen und hat sie wieder herausgelassen – wenn sie noch da waren. Das waren sie nicht immer. Tom Ferguson hat die Tür eingetreten und ist so rausgekommen. Wir haben eine neue Tür mit doppelten Planken eingebaut, die sie nicht eintreten können."

„Ich hatte noch zu tun", sagte Eric kurz.

„Nun, Sie haben Alexander Tracy verpaßt. Er war hier und hat gefragt, ob Sie Dame spielen können, und als ich ja gesagt habe, meinte er, Sie sollten demnächst mal abends für ein Spiel vorbeikommen. Besiegen Sie ihn nicht zu oft, auch nicht, wenn Sie es könnten. Ich sage Ihnen, mit ihm müssen Sie sich gutstellen, Master, denn er hat einen Sohn, der Ihnen Ärger machen kann, wenn er wieder zur Schule kommt. Seth Tracy ist ein kleiner Schelm, der immer etwas im Schilde führt. Er versucht, jeden neuen Lehrer rauszuekeln, und hat schon zwei in die Flucht geschlagen. Aber an Mr. West hat er sich die Zähne ausgebissen. William Tracys Söhne dagegen – mit *denen* werden Sie nie Ärger haben. Die sind immer folgsam, weil ihre Mutter ihnen jeden Sonntag erzählt, daß sie in die Hölle kommen, wenn sie sich in der Schule schlecht benehmen. Das wirkt! Nehmen Sie etwas von dem Eingemachten, Master. Wir sind nicht so wie Mrs. Adam Scott, die zu ihren Gästen sagt: ‚Sie wollen sicher nichts von dem hier – und von dem doch auch nicht?' Mutter, Aleck sagt, daß der alte George Wright sein Strohwitwertum in vollen Zügen genießt. Seine Frau besucht ihre Schwester in Charlottetown, und nun ist er eine Woche der Herr im Haus – zum erstenmal seit der Hochzeit vor vierzig Jahren. Er feiere Orgien, sagt Aleck. Er raucht im Wohnzimmer und bleibt bis elf Uhr abends auf und liest Groschenromane!"

„Vielleicht habe ich Mr. Tracy gerade gesehen", sagte Eric. „Ist er groß, mit grauen Haaren und grimmiger Miene?"

„Nein, Aleck ist kugelrund und fröhlich – er hat aufgehört zu wachsen, bevor er überhaupt angefangen hatte. Der Mann, den Sie meinen, ist wahrscheinlich Thomas Gordon. Ich habe ihn auch die Straße entlangfahren sehen. *Er* wird Sie nicht mit Einladungen behelligen, keine Sorge. Die Gordons sind nicht gesellig, um es vorsichtig auszudrücken. Nein, Sir! Mutter, reich dem Master die Kekse."

„Und wer war der Junge, den er dabeihatte?" fragte Eric neugierig.

„Neil – Neil Gordon."

„Ein schottischer Name? Der paßt nicht zu seinem Gesicht und seinen Augen. Ich dachte, er hieße Guiseppe oder Angelo – der Junge sieht aus wie ein Italiener."

„Das tut er wohl, Master, kein Wunder, denn genau das ist er auch. Sie haben den Nagel auf den Kopf getroffen. Ein Italiener, jawohl, Sir! Sogar *zu* italienisch, finde ich, für den Geschmack anständiger Leute."

„Wie kommt es, daß ein junger Italiener mit einem schottischen Namen in einem Ort wie Lindsay wohnt?"

„Also, Master, es war so. Vor ungefähr zweiundzwanzig Jahren – war es vor zweiundzwanzig oder vor vierundzwanzig Jahren, Mutter? Ja, es war vor zweiundzwanzig Jahren – im gleichen Jahr wurde unser Jim geboren, und er wäre jetzt zweiundzwanzig, wenn er am Leben geblieben wäre, armer kleiner Kerl. Nun ja, Master, vor zweiundzwanzig Jahren kam ein Paar italienischer Hausierer hierher und erschien bei den Gordons. Damals wimmelte das ganze Land von diesen Leuten – ich habe den Hund jeden Tag auf einen gehetzt! Nun ja, diese beiden Hausierer waren Mann und Frau, und die Frau wurde bei den Gordons plötzlich krank. Janet Gordon hat sie bei sich aufgenommen und sie gepflegt. Am nächsten Tag wurde ein Kind geboren, und die Frau starb. Danach hat sich der Vater mit Sack und Pack aus dem Staub gemacht und ist auf Nimmerwiedersehen und -hören verschwunden. Die Gordons saßen mit dem Kleinen da. Die Leute haben ihnen geraten, ihn ins Waisenhaus zu geben, und das wäre auch am klügsten gewesen, aber die Gordons haben sich nie gern etwas sagen lassen. Der alte James Gordon – Thomas und Janets Vater – lebte damals noch, und er sagte, er würde nie ein Kind vor die Tür setzen. Er war ein herrschsüchtiger alter Mann, der wollte, daß alles nach seinem Kopf ging. Die Leute sagten immer, er habe etwas gegen die Sonne, weil sie auf- und unterging, ohne daß er es befohlen hatte. Wie auch immer, sie haben das Kind behalten, es Neil genannt und taufen lassen wie jedes andere christliche Kind. Er hat immer bei ihnen gelebt und hatte es gut bei ihnen. Er ist zur Schule und zur Kirche gegangen und wurde behandelt wie einer von ihnen. Manche finden, sie hätten ihn zu sehr verwöhnt. Das bekommt Leuten seiner Art nicht immer, denn was einmal gesät ist, trägt leicht faule Früchte, wenn man es nicht im Keim erstickt. Neil ist intelligent und macht gute Arbeit, heißt es. Aber die

Leute hier mögen ihn nicht. Sie sagen, man könne ihm nicht über den Weg trauen. Er ist ein furchtbarer Hitzkopf, das steht fest. Einmal hat er in der Schule einen Jungen, auf den er eine Wut hatte, beinahe umgebracht – er hat ihn gewürgt, bis er blau angelaufen ist, und mußte von ihm weggezerrt werden!“

„Nun, Vater, du weißt, sie haben ihn furchtbar gehänselt“, sagte Mrs. Williamson. „Der arme Junge hatte kein leichtes Leben in der Schule, Master. Die anderen Kinder haben Sachen nach ihm geworfen und ihn verspottet.“

„O ja, sie haben ihm mächtig zugesetzt“, gab ihr Mann zu. „Er spielt wunderbar Geige und ist gern unter Menschen. Er geht oft zum Hafen. Aber es heißt, er verfalle manchmal in eine finstere Stimmung und rede mit niemandem mehr. Es wäre auch kein Wunder, er lebt ja bei den Gordons. Die sind alle verrückt.“

„Vater, sprich nicht so über unsere Nachbarn“, sagte seine Frau vorwurfsvoll.

„Nun, Mutter, du weißt, wie sie sind, wenn du ehrlich bist. Aber du bist wie die alte Tante Nancy Scott, du sagst nie etwas Schlechtes – außer, wenn es um Geschäfte geht. Du weißt, daß die Gordons nicht wie andere Leute sind und es nie waren und nie sein werden. Sie sind die einzigen komischen Vögel hier in Lindsay, Master, abgesehen von dem alten Peter Cook, der fünfundzwanzig Katzen hat! Himmel, Master, stellen Sie sich das mal vor! Welche Chancen hat eine arme Maus da? Sonst ist hier niemand sonderbar, oder wenn doch, haben wir es noch nicht gemerkt. Aber wir sind furchtbar uninteressant, das muß ich zugeben.“

„Wo wohnen die Gordons?“ fragte Eric. Er hatte sich angewöhnt, sich irgendeine Einzelheit aus Roberts verwirrendem Redeschwall zu merken und nachzuhaken.

„Oben auf dem Hügel, eine halbe Meile von der Radnor Road entfernt. Ein dichter Fichtenwald schirmt sie vom Rest der Welt ab. Sie gehen nie irgendwohin, außer zur Kirche – das versäumen sie nie –, und niemand geht zu ihnen. Die Familie besteht nur aus dem alten Thomas, seiner Schwester Janet, einer Nichte der beiden und Neil, über den wir gerade gesprochen haben. Sie sind eine sonderbare, launische, schrullige Sippe, und *das sage ich,* Mutter. Nun, gib deinem Alten eine Tasse Tee und kümmere dich nicht um sein Gerede. Da wir von Tee sprechen, hast du gehört, daß Mrs. Adam Palmer und Mrs. Jim Martin letzten Mittwoch zusammen bei Mrs. Foster Tee getrunken haben?"

„Nein, ich dachte, sie verstehen sich nicht", sagte Mrs. Williamson und verriet einen Funken weiblicher Neugier.

„So ist es, so ist es. Aber zufällig haben sie Mrs. Foster am gleichen Nachmittag besucht, und keine konnte gehen, denn das hätte bedeutet, der anderen das Feld zu überlassen. Also haben sie beide durchgehalten, jede auf einer Seite des Wohnzimmers. Mrs. Foster sagt, es sei der ungemütlichste Nachmittag ihres Lebens gewesen. Sie hat einmal mit der einen und dann mit der anderen gesprochen, und beide haben auf Mrs. Foster ein- und gegeneinander angeredet. Mrs. Foster dachte wirklich, sie würde es die ganze Nacht mit ihnen aushalten müssen, weil keine der beiden vor der anderen gehen wollte. Zuletzt kam Jim Martin, um zu sehen, wo seine Frau abgeblieben war – er glaubte schon, sie sei in der Marsch verunglückt – und hat so das Problem gelöst. Master, Sie essen ja gar nichts. Seien Sie nicht böse, wenn ich jetzt gehe, ich hatte schon eine halbe Stunde vor Ihrem Kommen angefangen und habe es sowieso eilig. Der Junge, den ich angeheuert hatte, ist heute nach Hause gefahren. Er hat letzte Nacht den Hahn um zwölf Uhr krähen hören und ist nach Hause gefahren, um zu sehen, wer aus seiner Familie gestorben ist. Er weiß, daß jemand gestorben ist. Er hat schon einmal den Hahn um Mitternacht krähen hören, und am nächsten Tag hat er erfahren, daß sein Cousin zweiten Grades unten in Souris gestorben war. Mutter, wenn der Master keinen Tee mehr möchte, hast du vielleicht etwas Sahne für Timothy?“

5. Eine hinreißende Erscheinung

Am gleichen Abend machte Eric kurz vor Sonnenuntergang einen Spaziergang. Wenn es ihn nicht an die Küste zog, liebte er lange Wanderungen durch die Felder und Wälder von Lindsay in der milden Frühlingsluft. Die meisten Häuser von Lindsay standen an der Hauptstraße, die parallel zur Küste verlief, oder in der Nähe der Läden beim Pub „The Corner". Die Bauernhöfe lagen in der Einsamkeit der Wälder und Weiden.

Eric ging vom Haus der Williamsons nach Südwesten, eine Richtung, die er noch nicht erforscht hatte. Er ging mit schnellen Schritten und freute sich an der Schönheit der Natur, die ihn umgab. Er genoß in vollen Zügen ihren Zauber, dem sich kein normaler Mensch entziehen konnte.

Der Fichtenwald, in dem Eric sich befand, war erfüllt von den rubinroten Strahlen der untergehenden Sonne. Der Boden war braun und aufgeweicht. Eric ging einen langen Weg entlang, und was er an dessen Ende vorfand, überraschte ihn sehr.

Weit und breit war kein Haus zu sehen, aber dafür ein Obstgarten – ein alter Obstgarten, verlassen und verwildert. Aber Obstgärten leben lange, und dieser hier, der einmal wunderschön gewesen sein mußte, hatte seinen Zauber bewahrt – nicht zuletzt wegen der leisen Wehmut, die in der Luft hing, jener Wehmut, die alle Orte umgibt, an denen einmal reges junges Leben geherrscht hat, das lange verschwunden ist – Herzklopfen, leuchtende Augen und fröhliche Stimmen. Die Geister dieser Dinge bevölkern einen solchen Ort noch nach vielen Jahren.

Der Obstgarten war groß und umgeben von einem verfallenen alten Zaun aus Fichtenstämmen, deren Farbe in vielen heißen Sommern zu einem matten Silbergrau verblichen war. In regelmäßigen Abständen wuchsen hohe, knorrige Fichten, und der Abendwind, der noch süßer duftete als die Gewürze aus dem Libanon, sang in den Baumkronen sein uraltes Lied, das die Seele in graue Vorzeit zurückversetzen konnte.

Im Osten erhob sich ein dichter Wald aus Fichten – von winzigen Schößlingen, die gerade erst aus der Erde gekommen waren, bis zu den riesigen Veteranen, die stolz in die Höhe ragten, so daß es aussah wie ein langsam ansteigender Hügel, schön wie das Werk eines Künstlers.

Der Obstgarten war fast ganz von dichtem Gras überwuchert, aber Eric stand in einem Viereck ohne Bäume, das offenbar einmal der Gemüsegarten der Besitzer gewesen war. Man konnte noch die alten Reihen erkennen, die von Steinen und großen Kieseln markiert wurden. Zwei Fliederbüsche blühten, einer in Purpur, der andere in Weiß.

Zwischen ihnen befand sich in ein Beet, übersät mit den sternförmigen Blüten der „Juni-Lilien". Ihr starker Duft erfüllte die feuchte Luft bei jedem leichten Windhauch. Am Zaun wuchsen Rosenbüsche, aber es war noch zu früh für Rosen.

Dahinter lag die Obstplantage – drei lange Alleen mit grünen Wegen dazwischen. Jeder Baum prangte in Rosa und Weiß.

Der Zauber des Ortes überwältigte Eric wie noch nichts zuvor. Er neigte nicht zu romantischen Phantasien, aber der Obstgarten zog ihn in seinen Bann und würde ihn nie wieder ganz loslassen. Er stieg über einen umgestürzten Zaunpfahl, und ging, ohne es zu ahnen, seinem Schicksal entgegen.

Er ging den Mittelweg des Obstgartens entlang und kam an langen Reihen blühender Bäume vorbei. Als er am Südende angekommen war, warf er sich in einer Ecke ins Gras, wo noch ein Fliederbusch wuchs, umgeben von Farnkraut und wilden blauen Veilchen. Von hier aus sah er ein Haus, das etwa eine Viertelmeile entfernt lag und dessen grauer Giebel aus einem dunklen Fichtenwald herausragte. Es wirkte düster und abgeschieden, und er wußte nicht, wer dort wohnte.

Er konnte weit nach Westen sehen, über ferne, in einen diesen Schleier gehüllte Felder, bis zum nebligen blauen Horizont. Die Sonne war gerade untergegangen, und die grünen Wiesen waren in goldenes Licht getaucht. Auf der anderen Seite eines schattigen Tales fiel der Widerschein der letzten Sonnenstrahlen auf die Berge und färbte den Himmel gelb und rosa. Die Luft war feucht vom Tau und erfüllt vom Duft wilder Minze, die er niedergetrampelt hatte. Rotkehlchen zwitscherten in den Baumkronen.

„Dies ist wirklich ein ‚Hort immerwährenden Friedens'[3]", zitierte Eric und sah sich begeistert um. „Ich könnte hier einschlafen, vor mich hinträumen und Erscheinungen sehen. Was für ein Himmel! Kann es etwas Göttlicheres geben als dieses kristallklare Blau und diese feinen weißen Wolken, die aussehen wie gewebte Spitze? Wie betörend der Flieder duftet! Ob man davon einen Rausch bekommen kann? Und diese Apfelbäume – nanu, was ist das?"

Eric blieb stehen und lauschte. In der sanften Stille, in die sich nur das leise Rauschen des Windes in den Bäumen und der flötende Gesang der Rotkehlchen mischten, ertönte Musik – so wunderschön, daß Eric

3 Aus: Alfred Tennyson, *The Palace of Art*, (Anm. d. Übers.).

den Atem anhielt. Träumte er? Nein, es war echte Musik, der Klang einer Geige, gespielt von einer Hand, die sich ganz dem Geist der Harmonie verschrieben hatte. Er hatte nie etwas Ähnliches gehört – und hatte das untrügliche Gefühl, daß noch niemand es je gehört hatte.

Er hatte das Gefühl, daß diese wundervolle Musik direkt aus der Seele des unsichtbaren Geigenspielers kam, losgelöst von allem Irdischen.

Es war eine trügerische, unvergeßliche Melodie, die seltsam zu dieser Zeit und dem Ort paßte. In ihr lag das Seufzen des Windes im Wald, das gespenstische Flüstern des Grases, wenn der Tau fiel, die weißen Träume der Juni-Lilien, das Jubilieren der Apfelblüten, das Lachen und Weinen, der Gesang und die Freude, die der Obstgarten in all den Jahren erlebt hatte, und außerdem lag darin der klagende Schrei eines gefangenen Wesens, das nach Freiheit rief und gehört werden wollte.

Im ersten Augenblick lauschte Eric wie verzaubert, stumm und reglos. Dann wurde seine Neugier wach. Wer in Lindsay konnte so Geige spielen? Und wer spielte ausgerechnet hier in diesem verlassenen alten Obstgarten?

Er stand auf und ging die lange weiße Allee entlang. Er bewegte sich so langsam und leise wie möglich, um den Spieler nicht zu stören. Als er sein Ziel erreichte, blieb er wie angewurzelt stehen und glaubte wieder, er träume.

Unter dem gewaltigen weißen Fliederbusch stand eine alte, windschiefe Holzbank, und auf dieser Bank saß ein Mädchen und spielte auf einer alten braunen Geige. Ihr Blick war auf den fernen Horizont gerichtet, und sie sah Eric nicht.

Für ein paar Momente stand er da und sah sie an. Ihr Bild brannte sich bis ins letzte Detail in seine Netzhaut ein, und die Erinnerung daran verblich nie wieder. Bis zu seinem letzten Tag würde Eric Marshall diese Szene so lebhaft im Gedächtnis bleiben, wie er sie in diesem Augenblick sah – das samtige Dunkel der Fichtenwälder, das schimmernde Gewölbe des Himmels darüber und die weißen Fliederblüten, die sich im Wind wiegten, und inmitten all dessen das Mädchen mit der Geige auf der Bank.

Er hatte in seinen vierundzwanzig Lebensjahren Hunderte gutaussehende Frauen gesehen, viele hübsche und kaum ein halbes Dutzend wirklich schöne. Aber er wußte sofort ohne den Hauch eines Zweifels, daß er noch nie eine so hinreißende Erscheinung wie dieses Mädchen gesehen oder sich auch nur erträumt hatte. Ihre Schönheit war so vollkommen, daß es ihm beinahe den Atem verschlug.

Ihr Gesicht war oval, die Züge fein wie die einer Gemme und mit dem Ausdruck absoluter Reinheit, wie man ihn bei den Engeln und Madonnen auf alten Gemälden findet – eine Reinheit ohne die leiseste Spur von Weltlichkeit. Ihr dichtes, rabenschwarzes Haar war in der Mitte gescheitelt und fiel ihr in zwei dicken schweren Zöpfen über die Schultern. Ihre Augen waren von einem Blau, wie Eric es noch nie gesehen hatte – sie hatten die Farbe der See in dem ruhigen Licht nach einem schönen Sonnenuntergang. Sie leuchteten wie die Sterne über dem Hafen von Lindsay und waren bekränzt von sehr langen, kohlschwarzen Wimpern. Darüber wölbten sich fein gezeichnete dunkle Augenbrauen. Ihre Haut war zart und blaß. Das kragenlose Kleid aus blassem Blaudruckstoff ließ ihren langen schmalen Hals frei, die Ärmel waren bis zum Ellbogen aufgekrempelt, und die Hand, die den Geigenbogen hielt, war vielleicht das Schönste an ihr, perfekt geformt, mit schlanken Fingern und rosa Nägeln. Eine lange herabhängende Fliederblüte streifte ihr Haar und warf einen zitternden Schatten auf das Blumengesicht darunter.

Sie hatte etwas sehr Kindliches an sich, und doch mußte sie mindestens achtzehn Jahre alt sein. Sie schien halb unbewußt zu spielen, als sei sie in Gedanken weit weg in einem Traumland im Himmel. Aber jetzt sah sie von der untergehenden Sonne auf, und ihr Blick fiel auf Eric, der reglos vor ihr im Schatten des Apfelbaums stand.

Ihre schlagartige Veränderung erschreckte ihn. Sie sprang auf, die Musik brach jäh ab, und ihr fiel der Bogen aus der Hand. Jeder Tropfen Blut wich aus ihrem Gesicht, und sie zitterte wie eine der vom Wind zerzausten Junililien.

„Entschuldigen Sie bitte", sagte Eric hastig. „Ich wollte Sie nicht erschrecken. Aber Ihre Musik war so schön, daß ich nicht daran gedacht habe, daß Sie mich nicht bemerkt hatten. Verzeihen Sie mir."

Er hielt inne, denn plötzlich erkannte er in der Miene des Mädchens panische Angst – nicht nur das Erschrecken eines kindlichen, schüchternen Geschöpfs, das sich allein gewähnt hatte, sondern nacktes Entsetzen. Das verrieten ihre bleichen und zitternden Lippen und die weit aufgerissenen blauen Augen, die ihn anstarrten wie ein Tier, das in der Falle saß.

Es tat ihm weh, daß eine Frau ihn so ansah – ihn, der Frauen mit solcher Hochachtung begegnete.

„Sehen Sie nicht so erschrocken aus", sagte er milde und in einem Ton, als rede er mit einem Kind. „Ich tue Ihnen nichts. Sie sind sicher, ganz sicher."

In seinem Eifer, sie zu beruhigen, machte er unbewußt einen Schritt vorwärts. Sie fuhr sofort herum und floh lautlos. Sie lief durch den Garten, schlüpfte durch eine Lücke im Zaun und verschwand in der Dämmerung zwischen dem Fichtenwald und den Kirschbäumen. Bevor Eric sich wieder gefangen hatte, war sie zwischen den Fichten verschwunden.

Er bückte sich und hob den Geigenbogen auf. Er kam sich albern vor und war wütend.

„Das ist höchst geheimnisvoll“, sagte er ärgerlich zu sich selbst. „Bin ich verhext? Wer ist sie? *Was* ist sie? Kann das wirklich ein Mädchen aus Lindsay sein? Und warum in aller Welt sollte ihr mein bloßer Anblick einen solchen Schrecken einjagen? Ich habe mich nie für besonders häßlich gehalten, aber diese Begegnung ist nicht dazu angetan, meine Eitelkeit zu heben. Vielleicht bin in einem verhexten Obstgarten gelandet und wurde in ein Ungeheuer verwandelt? Dieser Ort hat etwas Unheimliches an sich. Dort kann alles Mögliche passieren. Es ist kein alltäglicher Obstgarten für den Anbau von Äpfeln für den Markt, das sieht ein Blinder. Nein, es ist ein höchst gespenstischer Flecken Erde. Ich verschwinde lieber so schnell wie möglich.“

Er sah sich mit einem Lächeln um. Die Dämmerung war angebrochen, und der stille Obstgarten war erfüllt von Schatten, die immer länger wurden. Er schien mit schläfrigen Augen schelmisch über Erics Verwirrung zu blinzeln.

Eric legte den Geigenbogen auf die alte Bank.

„Es hat keinen Sinn, ihr nachzulaufen, und selbst wenn, hätte ich kein Recht dazu. Aber ich wünschte, sie wäre nicht in solcher Panik geflohen. Augen wie die ihren sollten nie etwas anderes ausdrücken als Zärtlichkeit und Vertrauen. Warum – warum – *warum* hatte sie solche Angst? Und wer – wer – *wer* kann sie sein?“

Auf dem Nachhauseweg, als der Mond die Felder und Weiden in silbernes Licht tauchte, grübelte er über dieses Rätsel.

„Ich muß nachdenken“, sagte er sich. „Mr. Williamson hat mir doch neulich abend ‚zu meinem eigenen Besten‘ von den Mädchen aus Lindsay erzählt. Wenn ich mich richtig erinnere, sagte er, daß es hier vier hübsche gebe. Wie hießen sie gleich wieder? Florrie Woods, Melissa Foster – nein, Melissa Palmer – Emma Scott und Jennie May Ferguson. Kann sie eine von denen gewesen sein? Nein, undenkbar! Dieses Mädchen kann nicht Florrie oder Melissa oder Emma heißen – und Jennie May kommt gar nicht in Frage. Die Sache geht nicht mit rechten Dingen zu. Davon bin ich überzeugt. Am besten vergesse ich das Ganze."

Aber Eric merkte, daß er es nicht vergessen konnte. Je mehr er es versuchte, desto stärker wurde die Erinnerung. Das wunderschöne Gesicht des Mädchens verfolgte ihn, und das Geheimnis ließ ihm keine Ruhe.

Natürlich wußte er, daß er das Rätsel wahrscheinlich schnell lösen konnte, indem er die Williamsons nach ihr fragte. Aber zu seiner eigenen Überraschung schreckte er davor zurück. Er brachte es nicht fertig, Robert Williamson zu fragen. Dann hätte er sich nur endlose kleinliche Tratschgeschichten über sie und all ihre Vorfahren anhören müssen. Wenn er jemanden fragen mußte, konnte es nur Mrs. Williamson sein, aber er wollte es am liebsten selbst herausfinden.

Er wollte am nächsten Abend zum Hafen gehen. Einer der Hummerfischer hatte versprochen, ihn auf den Dorschfang mitzunehmen. Aber stattdessen ging er wieder über die Felder in Richtung Südwesten.

Er fand den Obstgarten sofort – Eric hatte beinahe erwartet, er sei verschwunden, doch es war noch derselbe duftende, zugewachsene, windgepeitschte Flecken Erde, aber niemand war da, und der Geigenbogen war von der alten Bank verschwunden.

Vielleicht ist sie im Mondlicht auf den Zehenspitzen hergeschlichen, um den Bogen zu holen, dachte Eric. Ihm gefiel der Gedanke an eine geschmeidige Mädchengestalt, die mit klopfendem Herzen durch Schatten und Mondschein schlich. Ich frage mich, ob sie heute abend kommen wird, oder ob ich sie für immer vertrieben habe. Ich verstecke mich hinter diesen Fichten und warte.

Eric wartete bis zum Anbruch der Dunkelheit, aber keine Musik ertönte im Obstgarten, und niemand kam.

Die Tiefe seiner Enttäuschung überraschte ihn, nein, sie ärgerte ihn. Wie albern, sich so aufzuregen, nur weil ein junges Mädchen, das er fünf Minuten gesehen hatte, nicht auftauchte! Wo war sein gesunder Menschenverstand geblieben, sein „Grips“, wie der alte Robert Williamson sagte? Natürlich sah ein Mann gern ein hübsches Gesicht. Aber war das ein Grund, sich zu fühlen, als sei das Leben leer und sinnlos, weil er es nicht sehen konnte? Er schalt sich einen Dummkopf und ging schlechtgelaunt nach Hause. Dort stürzte er sich auf Algebra und Geometrie, fest entschlossen, sich alle unsinnigen Phantasien von einem verzauberten Garten, weißem Mondlicht und Elfenmusik aus dem Kopf zu schlagen.

Am nächsten Tag war Sonntag, und Eric ging zweimal zur Kirche. Die Williamsons hatten ihre Kirchenbank vorn an der Seite, und wenn man dort saß, sah man fast die ganze Gemeinde. Eric schaute jedes Mädchen und jede Frau unter den Kirchgängern an, aber kein Gesicht hatte auch nur die entfernteste Ähnlichkeit mit dem, das seine Willenskraft und seinen gesunden Menschenverstand beiseitedrängte und ihn nicht mehr losließ.

Thomas Gordon war anwesend, er saß allein ganz oben in seiner langen leeren Kirchenbank, und Neil Gordon sang im Chor ganz vorn auf der Galerie. Er hatte eine kräftige, melodische, wenn auch ungeübte Stimme, die die anderen übertönte. Er trug einen dunkelblauen Anzug mit weißem Kragen und Krawatte, aber Eric fand, daß ihm dieser Sonntagsstaat nicht so gut stand wie die Arbeitskleidung, in der er ihn zum erstenmal gesehen hatte. Er wirkte allzu zurechtgemacht und völlig fehl am Platz.

Zwei Tage lang verbot Eric sich jeden Gedanken an den Obstgarten. Am Montagabend ging er angeln und am Dienstagabend zu Alexander Tracy, um Dame zu spielen. Alexander gewann jedes Spiel so mühelos, daß sein ganzer Respekt vor Eric Marshall für immer dahin war.

„Er hat gespielt wie einer, der mit seinen Gedanken in den Tag hinein träumt“, beklagte er sich bei seiner Frau. „Aus dem wird nie ein Dame-Spieler – nie im Leben!“

6. Kilmenys Geschichte

Am Mittwochabend ging Eric wieder in den Obstgarten und wurde wieder enttäuscht. Er ging nach Hause und war entschlossen, das Rätsel durch eine direkte Nachfrage zu lösen. Das Glück war ihm hold, denn er traf Mrs. Williamson allein an. Sie saß am Westfenster der Küche und strickte an einem langen grauen Strumpf, und Timothy schlief als tiefschwarzes Knäuel zu ihren Füßen. Ihr offener Blick verriet ihre Zuneigung zu Eric. Sie hatte auch Mr. West gern gehabt, aber Eric hatte einen besonderen Platz in ihrem Herzen gefunden, weil seine Augen sie an die des kleinen Sohnes erinnerten, den sie vor vielen Jahren auf dem Friedhof von Lindsay beerdigt hatte.

„Mrs. Williamson", sagte Eric und versuchte, unbefangen zu klingen, „letzte Woche hat es mich drüben hinter den Wäldern in einen verlassenen alten Obstgarten verschlagen – ein schöner Flecken Wildnis! Wissen Sie, wem er gehört?"

„Das muß der alte Obstgarten der Connors gewesen sein", antwortete Mrs. Williamson, nachdem sie einen Moment überlegt hatte. „Den hatte ich ganz vergessen. Es muß dreißig Jahre her sein, daß Mr. und Mrs. Connors weggezogen sind. Ihr Haus und ihre Scheunen sind abgebrannt, und sie haben das Land an Thomas Gordon verkauft und sind in die Stadt gezogen. Mr. Connors war immer so stolz auf seinen Obstgarten. Es gab damals nicht viele davon in Lindsay, obwohl heute fast jeder einen hat."

„Ein junges Mädchen war dort und hat Geige gespielt", sagte Eric und stellte zu seinem Ärger fest, daß es ihn Mühe kostete, von ihr zu sprechen, und daß ihm dabei das Blut in die Wangen stieg. „Sie ist erschrocken davongerannt, als sie mich sah, aber ich glaube nicht, daß ich etwas gesagt oder getan habe, das ihr Angst hätte einjagen können. Ich habe keine Ahnung, wer sie war. Wissen Sie es?"

Mrs. Williamson antwortete nicht sofort. Sie legte ihr Strickzeug hin und starrte aus dem Fenster, als dächte sie angestrengt über etwas nach. Schließlich sagte sie eifrig: „Das muß Kilmeny Gordon gewesen sein, Master."

„Kilmeny Gordon? Sie meinen die Nichte von Thomas Gordon, von der Ihr Mann gesprochen hat?"

„Ja."

„Ich kann kaum glauben, daß das Mädchen, das ich gesehen habe, zu Thomas Gordons Familie gehört."

„Nun, wenn es nicht Kilmeny Gordon war, weiß ich nicht, wer es gewesen sein kann. Es gibt kein anderes Haus in der Nähe des Obstgartens, und ich habe gehört, daß sie Geige spielt. Wenn es Kilmeny war, haben Sie etwas gesehen, das kaum jemand in Lindsay gesehen hat, Master. Und die wenigen haben sie auch nur aus der Ferne gesehen. Ich bin ihr auch nie begegnet. Kein Wunder, daß das arme Mädchen davongerannt ist. Sie ist nicht an Fremde gewöhnt."

„Ich bin froh, wenn das der einzige Grund für ihre Flucht war", sagte Eric. „Ich möchte nicht, daß irgendein Mädchen solche Angst vor mir hat, wie sie sie anscheinend hatte. Sie war bleich wie ein Gespenst und so entsetzt, daß sie kein Wort gesagt hat, sondern geflohen ist wie ein gehetztes Reh."

„Nun, sie hätte ohnehin kein Wort sagen können“, sagte Mrs. Williamson ruhig. „Kilmeny Gordon ist stumm.“

Eric schwieg betroffen. Dieses wunderschöne Geschöpf war mit einem solchen Gebrechen geschlagen – wie furchtbar! In sein Mitleid mischte sich eine sonderbare Traurigkeit, als beträfe es ihn persönlich.

„Dann kann es nicht Kilmeny Gordon gewesen sein“, widersprach er schließlich, als ihm etwas einfiel. „Das Mädchen, das ich gesehen habe, hat Geige gespielt. Ein taubstummes Mädchen könnte unmöglich so spielen.“

„Oh, sie ist nicht taub, Master“, sagte Mrs. Williamson und sah Eric aufmerksam durch ihre Brillengläser an. Sie nahm ihr Strickzeug und begann wieder zu arbeiten. „Das ist das Seltsame an der Sache – wenn es noch seltsamer geht. Sie kann hören wie jeder andere und versteht alles, das man zu ihr sagt. Aber sie kann kein Wort sprechen und konnte es auch nie – jedenfalls sagen das die Leute. In Wirklichkeit weiß niemand viel über sie. Janet und Thomas sprechen nie von ihr, und Neil tut es auch nicht. Er wurde schon gründlich ausgefragt, das können Sie mir glauben, aber er sagt nie ein Wort über Kilmeny und gerät in Wut, wenn die Leute nicht lockerlassen.“

„Warum spricht niemand von ihr?“ fragte Eric ungeduldig. „Was ist so geheimnisvoll an ihr?“

„Es ist eine traurige Geschichte, Master. Ich vermute, die Gordons betrachten ihre Existenz als eine Art Schande. Ich finde, es ist schrecklich, wie sie aufgewachsen ist. Aber die Gordons sind merkwürdige Leute, Mr. Marshall. Wissen Sie noch, ich habe Vater Vorwürfe gemacht, weil er das gesagt hat, aber es stimmt. Sie *sind* sehr merkwürdig. Und Sie haben Kilmeny wirklich gesehen? Wie sieht sie aus? Ich habe gehört, daß sie wunderhübsch sei. Stimmt das?“

„Ich fand sie sehr schön", sagte Eric ziemlich kurz angebunden. „Aber *wie* ist sie denn aufgewachsen, Mrs. Williamson? Und warum?"

„Nun, ich kann Ihnen auch die ganze Geschichte erzählen, Master. Kilmeny ist die Nichte von Thomas und Janet Gordon. Ihre Mutter war Margaret Gordon, die jüngere Schwester der beiden. Der alte James Gordon kam aus Schottland. Janet und Thomas wurden in der alten Heimat geboren und sind als kleine Kinder hierher gekommen. Sie waren nie sehr gesellig, aber haben doch manchmal Besuche gemacht, und die Leute sind auch zu ihnen gekommen. Sie waren liebenswert und ehrlich, wenn auch etwas sonderbar.

Mrs. Gordon starb ein paar Jahre nach ihrer Ankunft, und vier Jahre später reiste James Gordon nach Hause – nach Schottland – und brachte eine neue Frau mit. Sie war viel jünger als er und eine sehr hübsche Frau, wie meine Mutter mir oft erzählte. Sie war freundlich und fröhlich und ging gern unter Menschen. Bei den Gordons wurde alles anders, als sie kam, und sogar Janet und Thomas tauten auf und wurden etwas milder. Sie hatten ihre Stiefmutter sehr gern, habe ich gehört. Dann – nach sechs Jahren Ehe – starb auch die zweite Mrs. Gordon. Sie starb bei Margarets Geburt. Es soll James Gordon fast das Herz gebrochen haben.

Janet hat Margaret großgezogen. Sie und Thomas vergötterten das Kind, ebenso wie ihr Vater. Ich kannte Margaret Gordon gut. Wir waren gleich alt und saßen in der Schule nebeneinander. Wir waren gute Freundinnen, bis sie der ganzen Welt den Rücken kehrte.

Sie war schon damals in mancher Hinsicht seltsam, aber ich mochte sie immer, obwohl sehr viele es nicht taten. Sie hatte erbitterte Feinde – und auch ergebene Freunde. So war sie. Sie hat die Leute dazu gebracht, sie entweder zu hassen oder zu lieben. Wer sie liebte, wäre für sie durchs Feuer gegangen.

Als sie groß wurde, war sie sehr hübsch – groß und schön wie eine Königin, mit dicken, langen schwarzen Zöpfen und roten, roten Lippen und Wangen. Jeder, der sie sah, schaute noch einmal hin. Sie war ein bißchen eitel auf ihre Schönheit, glaube ich, Master. Und sie war stolz, oh, sie war sehr stolz. Sie wollte immer überall die erste sein und konnte es nicht ertragen, einmal keine gute Figur zu machen. Sie war auch immer furchtbar fest entschlossen. Wenn sie sich einmal für etwas entschieden hatte, ist sie kein Jota davon abgewichen, Master. Aber sie war warmherzig und großzügig. Sie konnte singen wie ein Engel und war sehr intelligent. Sie konnte alles lernen, auf das sie nur einen einzigen Blick geworfen hatte, und sie las leidenschaftlich gern.

Wenn ich jetzt von ihr rede, fällt mir alles wieder ein, wie sie war und wie sie aussah und sprach und handelte, und wie sie sich bewegt hat. Ich habe fast das Gefühl, als sei sie hier im Zimmer und nicht drüben auf dem Friedhof. Würden Sie bitte die Lampe anzünden, Master? Ich bin ein bißchen nervös.“

Eric stand auf und zündete die Lampe an. Er wunderte sich, daß Mrs. Williamson so plötzlich Nervosität an den Tag legte. Sie war sonst immer so ruhig und gefaßt.

„Danke, Master. Jetzt fühle ich mich besser und bilde mir nicht mehr ein, daß Margaret Gordon hier ist und hört, was ich sage. Es kam mir eben wirklich so vor.

Wahrscheinlich fragen Sie sich, wann ich endlich auf Kilmeny zu sprechen komme, aber es ist gleich soweit. Ich wollte gar nicht soviel von Margaret erzählen, aber ich muß gerade an sie denken.

Nun, nach der Abschlußprüfung ging Margaret an die Queen’s Academy und wurde Lehrerin. Sie bestand mit einem guten Ergebnis, aber Janet erzählte mir, sie habe die ganze Nacht geweint, weil einige besser waren als sie.

Sie fing als Lehrerin an der Schule drüben in Radnor an. Und dort lernte sie einen Mann namens Ronald Fraser kennen. Margaret hatte nie zuvor einen Verehrer gehabt. Sie hätte jeden jungen Mann in Lindsay haben können, aber sie hat nie einen auch nur angesehen. Angeblich dachte sie, keiner sei gut genug für sie, aber so war es nicht, Master. Ich wußte es besser, weil Margaret und ich über diese Dinge gesprochen haben, wie Mädchen es tun. Sie wollte sich nur mit jemandem abgeben, der der einzig Richtige war. Und denjenigen gab es in Lindsay nicht.

Dieser Ronald Fraser war ein Fremder aus Nova Scotia, und niemand wußte viel über ihn. Er war Witwer, obwohl er noch jung war. Er hatte einen Laden in Radnor eröffnet, der gut lief. Er sah wirklich gut aus, und Frauen mochten ihn. Es hieß, alle Mädchen in Radnor seien in ihn verliebt gewesen, aber selbst sein ärgster Feind hätte nicht behaupten können, daß er mit ihnen flirtete. Er nahm nie Notiz von ihnen, aber als er Margaret Gordon traf, war es bei beiden Liebe auf den ersten Blick.

Am nächsten Sonntag gingen sie zusammen zur Kirche in Lindsay, und jeder sagte, sie würden heiraten. Margaret sah wunderschön aus, so sanft und fraulich. Sie trug den Kopf sonst immer ziemlich hoch, aber an dem Tag hatte sie ihn etwas gesenkt und ihre schwarzen Augen niedergeschlagen. Ronald Fraser war sehr groß und blond mit blauen Augen. Sie waren das schönste Paar, das ich je gesehen habe.

Aber der alte James Gordon und Thomas und Janet hielten nicht viel von ihm. Das habe ich deutlich gesehen, als ich einmal bei ihnen war und er Margaret nach Hause brachte. Ich glaube, keiner hätte Gnade vor ihren Augen gefunden, denn sie fanden, daß niemand gut genug für Margaret war.

Aber nach und nach stimmte Margaret sie alle um. Sie konnte sie um den Finger wickeln, sie liebten sie so sehr und waren stolz auf sie. Ihr Vater hielt am längsten durch, aber am Ende gab er auch nach und erlaubte ihr, Ronald Fraser zu heiraten.

Es war eine große Hochzeit – alle Nachbarn waren eingeladen. Margaret ließ sich immer gern bewundern. Ich war ihre Brautjungfer, Master. Ich half ihr beim Zurechtmachen, und nichts war ihr recht. Sie wollte für Ronald unbedingt hübsch sein. Sie war eine schöne Braut, ganz in Weiß mit roten Rosen im Haar und an der Brust. Sie wollte keine weißen Blumen tragen, sie sagte, die sähen aus wie Grabschmuck. Sie sah aus wie ein Gemälde. Ich sehe sie jetzt vor mir, wie sie an dem Abend aussah. Sie errötete manchmal und wurde dann wieder blaß, und der Blick, mit dem sie Ronald ansah, sagte alles über ihre Gefühle. Wenn jemals ein Mädchen einen Mann geliebt hat, dann Margaret Gordon. Es machte mir beinahe Angst. Sie betete ihn an, wie man niemanden anbeten sollte außer Gott, Master, und ich denke, das wird immer bestraft.

Sie zogen nach Radnor, und eine Weile ging alles gut. Margaret hatte ein schönes Haus und war glücklich. Sie hatte hübsche Kleider und hatte oft Gäste. Dann – ja, dann tauchte Ronald Frasers erste Frau auf und suchte nach ihm! Sie war gar nicht tot.

Oh, es war ein schrecklicher Skandal, Master. All der Tratsch war furchtbar. Jeder erzählte eine andere Geschichte, und es war schwer, die Wahrheit herauszufinden. Einige sagten, Ronald Fraser habe die ganze Zeit gewußt, daß seine Frau nicht tot war, und Margaret getäuscht. Aber das glaube ich nicht. Er schwor, er habe es nicht gewußt. Er war mit seiner ersten Frau nicht wohl nicht sehr glücklich gewesen. Ihre Mutter hatte Unfrieden zwischen ihnen gestiftet. Dann besuchte die Frau ihre Mutter in Montreal und starb dort im Krankenhaus – diese Nachricht bekam Ronald. Vielleicht war er etwas zu leicht bereit, es zu glauben, aber *daß* er es glaubte, habe ich nie bezweifelt. Die Version der ersten Frau lautete, daß eine andere Frau gleichen Namens in Montreal gestorben sei. Als sie herausgefunden habe, daß Robert sie für tot hielt, seien sie und ihre Mutter übereingekommen, ihn in dem Glauben zu lassen. Aber als sie hörte, daß er wieder geheiratet hatte, meinte sie, daß er die Wahrheit erfahren sollte.

Es war eine seltsame Geschichte, und ich denke, man kann es den Leuten nicht vorwerfen, daß sie es nicht ohne weiteres geglaubt haben. Aber ich hatte immer das Gefühl, daß es stimmte. Aber Margaret glaubte es nicht. Sie dachte, Ronald Fraser habe sie getäuscht und die ganze Zeit gewußt, daß er sie nicht rechtmäßig heiraten konnte. Sie wandte sich gegen ihn und haßte ihn von da an ebensosehr, wie sie ihn zuvor geliebt hatte.

Ronald Fraser verließ die Stadt mit seiner richtigen Frau, und kein Jahr später kam die Nachricht von seinem Tod. Es hieß, er sei an gebrochenem Herzen gestorben.

Margaret zog wieder zu ihren Eltern. Von dem Tag, an dem sie die Schwelle überschritt, kam sie nicht wieder heraus, bis sie vor drei Jahren im Sarg hinausgetragen wurde. Keine Menschenseele außer ihrer Familie hat sie je wiedergesehen. Ich wollte sie besuchen, aber Janet sagte mir, daß sie mich nicht sehen wollte. Es war dumm von Margaret, sich so zu verhalten. Sie hatte ja nichts Schlimmes getan, alle hatten Mitleid mit ihr und hätten alles für sie getan. Aber ich glaube, Mitleid war für sie genauso schlimm wie Vorwürfe, oder sogar noch schlimmer, Master, denn sie war so stolz, daß sie es nicht ertragen konnte.

Angeblich war ihr Vater auch sehr hart zu ihr, und wenn das stimmt, war es sehr ungerecht von ihm. Janet und Thomas empfanden es auch als Schande. Die Leute hörten auf, die Gordons zu besuchen, weil sie merkten, daß sie nicht willkommen waren.

Der alte James Gordon starb in jenem Winter. Nach dem Skandal konnte er nie wieder den Kopf hochhalten. Er war Kirchenältester, ist aber sofort zurückgetreten und war nicht umzustimmen.

Kilmeny wurde im Frühling geboren, aber niemand hat sie zu Gesicht bekommen, außer dem Pfarrer, der sie getauft hat. Sie ist nie zur Kirche oder in die Schule gegangen. Natürlich hätte es nicht viel Sinn gehabt, sie zur Schule zu schicken, wenn sie nicht sprechen konnte, und wahrscheinlich hat Margaret sie selbst unterrichtet. Aber es ist furchtbar, daß sie nie zur Kirche gegangen und nie mit anderen Kindern und jungen Leuten zusammengekommen ist. Und es ist eine Schande, daß man nie versucht hat, herauszufinden, warum sie nicht sprechen kann oder ob sie geheilt werden kann.

Margaret Gordon starb vor drei Jahren, und ganz Lindsay kam zur Beerdigung. Aber niemand hat Kilmeny gesehen. Der Sarg war geschlossen. Ich wollte die arme Margaret auch gar nicht sehen – aber Kilmeny hätte ich gern gesehen, um Margarets willen. Ich hatte sie seit ihrer Hochzeit nicht mehr gesehen, denn ich hatte Lindsay kurz danach verlassen, um Verwandte zu besuchen, und als ich nach Hause kam, war der Skandal gerade ausgebrochen. Ich erinnerte mich an Margaret in all ihrem Stolz und ihrer Schönheit, und so wollte ich sie in Erinnerung behalten.

Man erwartete, daß Janet und Thomas Kilmeny in die Gesellschaft einführen würden, nachdem ihre Mutter gestorben war, aber sie taten es nicht, deshalb nehme ich an, daß sie Margarets Erziehung richtig fanden. Mir tat das arme Mädchen immer leid, und ich finde, daß ihre Familie sie nicht richtig behandelt hat, auch wenn sie eine geheimnisvolle Behinderung hat. Sie muß ein trauriges, einsames Leben haben.

Das war die Geschichte, Master. Sie finden sicher, daß ich ewig gebraucht habe, sie zu erzählen. Aber mir war, als würde die Vergangenheit zurückkehren. Wenn Sie nicht mit Fragen über Kilmeny Gordon gelöchert werden wollen, Master, dann sagen Sie lieber nicht, daß Sie sie gesehen haben."

Eric hatte nichts dergleichen vor. Er hatte alles, ja sogar mehr erfahren, als er wissen wollte.

„Das Mädchen ist also einer Tragödie entsprungen", sinnierte er, als er in sein Zimmer ging. Und sie ist stumm! Was für ein Jammer! Kilmeny! Der Name paßt zu ihr. Sie ist so schön und unschuldig wie die Heldin der alten Ballade. ‚Oh, Kilmeny war schön anzusehen!' Aber die nächste Zeile ist nicht so angebracht, denn ihre Augen waren alles andere als ‚still und unverwandt', nachdem sie mich gesehen hatte."

Er versuchte, nicht mehr an sie zu denken, aber es gelang ihm nicht. Die Erinnerung an ihr wunderschönes Gesicht war unwiderstehlich. Am nächsten Abend ging er wieder in den Obstgarten.

7. Eine Rose unter den Frauen

Als er den Fichtenwald hinter sich ließ und den Obstgarten betrat, machte sein Herz einen plötzlichen Sprung, und er fühlte, wie ihm das Blut ins Gesicht schoß. Sie war da und beugte sich über das Beet mit Junililien in der Mitte des Gartens. Er sah sie nur von der Seite.

Er blieb stehen, um sie nicht wieder zu erschrecken. Als sie den Kopf hob, rechnete er damit, daß sie zusammenzucken und weglaufen würde, aber sie wurde nur etwas blasser, stand wie angewurzelt da und sah ihn aufmerksam an.

Er ging langsam auf sie zu, und als er so nahe gekommen war, daß er ihre hastigen, nervösen Atemzüge hören konnte, sagte er sehr behutsam: „Haben Sie keine Angst vor mir. Ich bin ein Freund und will Sie in keiner Weise stören oder belästigen."

Sie schien einen Augenblick zu zögern. Dann nahm sie eine kleine Schiefertafel, die an ihrem Gürtel hing, schrieb hastig etwas und hielt es ihm hin.

Er las – sie hatte eine kleine, deutliche Schrift. „Ich habe keine Angst mehr vor Ihnen. Mutter hat mir gesagt, alle fremden Männer seien böse und gefährlich, aber ich glaube nicht, daß Sie es sind. Ich habe viel an Sie gedacht, und es tut mir leid, daß ich neulich weggelaufen bin."

Ihm wurde all ihre Unschuld und Einfachheit bewußt. Er sah ihr ernst in die Augen, die immer noch ängstlich blickten, und sagte: „Ich würde Ihnen nie etwas antun. Nicht alle Männer sind schlecht, obwohl es nur zu wahr ist, daß einige es sind. Ich heiße Eric Marshall und unterrichte an der Lindsay School. Sie sind Kilmeny Gordon, nehme ich an. Ich fand Ihre Musik neulich so schön, daß ich sie unbedingt wieder hören wollte. Möchten Sie mir nicht etwas vorspielen?"

Die Furcht war aus ihrem Blick verschwunden, und plötzlich lächelte sie – ein vergnügtes, mädchenhaftes, unwiderstehliches Lächeln, das ihr Gesicht aufleuchten ließ wie ein Sonnenstrahl, der auf einen stillen See fällt.

Dann schrieb sie: „Ich kann heute abend leider nicht spielen, ich habe meine Geige nicht dabei. Aber morgen abend bringe ich sie mit und spiele für Sie, wenn Sie wollen. Ich würde Ihnen gern eine Freude machen."

Wieder diese unschuldige Offenheit! Was für ein Kind sie war – was für ein wunderhübsches, ahnungsloses Kind, das nicht die Kunst gelernt hatte, seine Gefühle zu verbergen! Aber warum sollte sie sie auch verbergen? Sie waren rein und schön wie sie selbst. Eric erwiderte ihr Lächeln mit der gleichen Offenheit.

„Das würde mich mehr freuen, als ich sagen kann, und ich komme auf jeden Fall morgen abend, wenn schönes Wetter ist. Aber wenn es regnet, dürfen Sie nicht kommen. Dann ist jeder andere Abend genauso gut. Und wollten Sie mir nicht ein paar Blumen geben?"

Sie nickte mit einem kleinen Lächeln und pflückte einige der Juni-Lilien, wobei sie sorgfältig die schönsten aussuchte. Er beobachtete, wie anmutig sie war, jede Bewegung schien Poesie zu sein. Sie sah aus wie die Verkörperung des Frühlings – als habe sie all den Schimmer junger Blätter und das Licht junger Morgen und die vergängliche Süße junger Blüten von tausend Frühlingen in sich.

Als sie auf ihn zukam, strahlend und mit den Händen voller Lilien, schoß ihm eine Strophe eines seiner Lieblingsgedichte durch den Kopf:

A blossom vermeil white
That lightly breaks a faded flower sheath,
Here, by God's rood, is the one maid for me.

Im nächsten Augenblick ärgerte er sich über sich selbst. Sie war doch nur ein Kind – und durch ihre Behinderung anders als andere Kinder. Er durfte sich keine dummen Gedanken erlauben.

„Danke. Diese Juni-Lilien sind die schönsten Blumen des Frühlings. Wußten Sie, daß sie eigentlich Narzissen heißen?"

Sie sah erfreut und interessiert aus.

„Nein, das wußte ich nicht", schrieb sie. „Ich habe oft von Narzissen gelesen und mich gefragt, wie sie aussehen. Ich habe nie gedacht, daß es das gleiche ist wie meine geliebten Juni-Lilien. Ich bin froh, daß Sie es mir erzählt haben. Ich liebe Blumen so sehr. Sie sind wie gute Freunde für mich."

„Kein Wunder, daß Sie Lilien mögen – gleich und gleich gesellt sich gern", sagte Eric. „Kommen Sie, setzen Sie sich auf die alte Bank – wo Sie gesessen haben, als ich Sie so erschreckt habe. Ich hatte keine Ahnung, wer oder was Sie waren. Manchmal dachte ich, ich hätte nur von Ihnen geträumt – nur", fügte er halblaut und ohne daß sie es hörte, hinzu: „Ich könnte nie etwas auch nur halb so Schönes träumen!"

Sie setzte sich neben ihn auf die alte Bank und sah ihm direkt ins Gesicht. Ihr Blick hatte nichts Herausforderndes – aus ihm sprach nur kindliches Vertrauen. Wenn er irgendwelche schlechten Hintergedanken gehabt hätte, die er sich nicht eingestehen wollte, hätten diese Augen sie erkannt und ihn beschämt. Aber er konnte ihren Blick unbefangen erwidern.

Dann schrieb sie. „Ich hatte große Angst. Sie müssen mich für sehr albern gehalten haben, aber ich hatte noch nie einen Mann gesehen außer Onkel Thomas und Neil und dem Eierverkäufer. Und Sie sind ganz anders – oh, ganz, ganz anders! Ich habe mich nicht getraut, am nächsten Abend herzukommen. Aber irgendwie wollte ich auch kommen. Ich wollte nicht, daß Sie glauben, ich könnte mich nicht benehmen. Neil hat mir meinen Bogen geholt, auf den konnte ich nicht verzichten. Ich kann nicht sprechen, müssen Sie wissen. Tut es Ihnen leid?"

„Es tut mir sogar sehr leid."

„Ja, aber ich meine – würden Sie mich lieber mögen, wenn ich sprechen könnte?"

„Nein, das macht gar keinen Unterschied, Kilmeny. Übrigens, stört es Sie, wenn ich Sie Kilmeny nenne?"

Sie sah überrascht aus und schrieb: „Wie sollten Sie mich sonst nennen? So heiße ich, und jeder nennt mich so."

„Aber ich bin ein Fremder. Vielleicht wäre es Ihnen lieber, wenn ich Sie Miss Gordon nenne."

„O nein, das wäre mir nicht lieber", schrieb sie hastig. „Niemand nennt mich so. Ich würde es sehr merkwürdig finden. Und Sie kommen mir nicht vor wie ein Fremder. Was spricht dagegen, daß Sie mich Kilmeny nennen?"

„Gar nichts, wenn Sie es mir gestatten. Es ist ein schöner Name – er paßt zu Ihnen."

„Es freut mich, daß er Ihnen gefällt. Wissen Sie, daß ich nach meiner Großmutter benannt wurde und daß sie wiederum nach einem Mädchen aus einem Gedicht benannt wurde? Tante Janet mochte meinen Namen nie, obwohl sie meine Großmutter gern hatte. Aber ich bin froh, daß Sie meinen Namen und mich mögen. Ich fürchtete, Sie würden mich nicht mögen, weil ich nicht sprechen kann."

„Sie können durch Ihre Musik sprechen, Kilmeny."

Sie freute sich sichtlich. „Wie gut Sie das verstehen", schrieb sie. „Ja, ich kann nicht sprechen oder singen wie andere, aber mit meiner Geige kann ich Dinge sagen."

„Komponieren Sie auch selbst?" fragte Eric und sah, daß sie ihn nicht verstand. „Ich meine, haben Sie Ihre Musik von jemandem gelernt?"

„O nein. Sie fällt mir einfach so ein. Das war schon immer so. Als ich noch sehr klein war, hat Neil mir gezeigt, wie man die Geige und den Bogen hält, und der Rest kam von selbst. Meine Geige gehörte früher Neil, aber er hat sie mir geschenkt. Er ist sehr gut zu mir, aber ich mag Sie lieber. Erzählen Sie mir von sich."

Er fand sie mit jedem Augenblick wunderbarer. Wie schön sie war! Was für anmutige, liebenswerte Gesten sie hatten – vollkommen ungekünstelt und natürlich und ebenso effektiv. Und seltsamerweise machte ihre Stummheit fast gar nichts aus. Sie schrieb so leicht und schnell, und ihre Augen, ihr Lächeln und ihre lebhafte Mimik sagten soviel, daß es kaum einer Stimme bedurfte.

Sie blieben im Obstgarten, bis die langen, trägen Schatten der Bäume bis zu ihren Füßen reichten. Es war kurz nach Sonnenuntergang, und die fernen Hügel erschienen purpurfarben vor dem schmelzenden Schwefelgelb des Himmels im Westen und dem Kristallblau des Himmels im Süden. Im Osten, genau über den Fichtenwäldern, erhoben sich Wolken, weiß und spitz wie schneebedeckte Berggipfel, und im Westen leuchtete es rosa wie ein Sonnenuntergang in den Alpen.

Hoch oben war die Luft noch von Licht erfüllt – von ungetrübtem Licht, frei von irdischen Schatten, aber unten im Obstgarten und unter den Fichten war das Licht beinahe erloschen und hatte einer grünlichen, taufeuchten Dämmerung Platz gemacht, süß vom Duft der Apfelblüten und den balsamischen Düften, die von den Fichten tropften.

Eric erzählte ihr von seinem Leben und dem Leben in der großen weiten Welt, woran sie mädchenhaft und lebhaft interessiert war. Sie hatte viele Fragen, die zeigten, daß sie schon Meinungen und Ansichten darüber hatte. Aber es war offensichtlich, daß sie nicht erwartete, jemals selbst daran teilzuhaben. Ihr Interesse war leidenschaftslos, als höre sie Geschichten über ein Märchenland oder ein gewaltiges Reich, das lange untergegangen war.

Eric fand heraus, daß sie viel gelesen hatte – Poesie, Geschichte, Biographien und Reisebeschreibungen. Aber sie wußte nicht, was ein Roman war und hatte nie davon gehört. Überraschenderweise wußte sie viel über Politik und aktuelle Ereignisse, aus der Wochenzeitung, die ihr Onkel abonniert hatte.

„Ich habe nie Zeitung gelesen, als Mutter noch lebte“, schrieb sie, „und auch keine Gedichte. Sie hat mich lesen und schreiben gelehrt, und ich habe die Bibel viele Male durchgelesen und einige Geschichten. Nach Mutters Tod hat Tante Janet mir all ihre Bücher gegeben. Sie hatte sehr viele. Die meisten hatte sie in der Schule als Preise bekommen, und einige hatte sie von meinem Vater bekommen. Kennen Sie die Geschichte meiner Eltern?“

Eric nickte. „Ja, Mrs. Williamson hat mir alles erzählt. Sie war eine Freundin Ihrer Mutter.“

„Ich bin froh, daß Sie die Geschichte kennen. Sie ist so traurig, daß ich sie nicht erzählen möchte, aber Sie verstehen alles besser, wenn Sie Bescheid wissen. Ich habe es erst erfahren, kurz bevor Mutter starb. Da hat sie mir alles erzählt. Ich glaube, daß sie dachte, Vater sei an allem schuld, aber kurz bevor sie starb, sagte sie, sie sei wahrscheinlich ungerecht zu ihm gewesen, und er habe es nicht gewußt. Sie sagte, daß Menschen, die im Sterben liegen, die Dinge klarer sehen und daß sie Vater unrecht getan habe. Sie wollte mir noch viel mehr erzählen, aber sie hatte keine Zeit mehr, denn sie starb in jener Nacht. Es hat lange gedauert, bis ich es übers

Herz gebracht habe, ihre Bücher zu lesen, aber dann fand ich sie wunderschön, vor allem die Gedichte – wie Musik, die in Worte gefaßt wurde."

„Ich bringe Ihnen ein paar Bücher mit, wenn Sie möchten", sagte Eric.

Ihre blauen Augen leuchteten auf. „Oh, danke, das würde mich sehr freuen. Ich habe meine so oft gelesen, daß ich sie fast alle auswendig kenne. Wirklich schöne Dinge hat man niemals satt, aber manchmal hätte ich gern ein paar neue Bücher."

„Sind Sie nie einsam, Kilmeny?"

„O nein, wie könnte ich? Ich habe immer viel zu tun, wenn ich Tante Janet im Haushalt helfe. Ich kann viel!" Sie sah stolz zu ihm auf, als ihr fliegender Griffel die Worte kritzelte. „Ich kann kochen und nähen. Tante Janet sagt, ich sei eine sehr gute Haushälterin, und sie lobt nicht oft und auch nicht überschwenglich. Und wenn ich ihr nicht helfe, habe ich meine liebe Geige. Mehr Gesellschaft brauche ich nicht. Aber ich lese gern und höre von der großen Welt, die so weit ist, und von den Leuten, die dort leben, und den Dingen, die passieren. Es muß ein herrlicher Ort sein."

„Wollen Sie nicht in die Welt hinaus und ihre Wunder sehen und den Leuten selbst begegnen?" fragte er und lächelte sie an.

Er sah sofort, daß er sie, auf eine Art, die er nicht verstehen konnte, gekränkt hatte. Sie griff nach ihrem Griffel und schrieb so schnell und kraftvoll, daß es beinahe schien, als würde sie die Worte laut hinausschreien.

„Nein, nein, nein. Ich will nirgendwohin, ich will nicht weg von zu Hause. Ich will keine Fremden sehen und auch nicht von ihnen gesehen werden. Ich könnte es nicht ertragen!"

Er dachte, daß es vielleicht Befangenheit wegen ihrer Behinderung war. Aber ihre Stummheit schien kein wunder Punkt bei ihr zu sein, und sie machte in ihren geschriebenen Antworten oft beiläufige Bemerkungen darüber.

Vielleicht war es der Schatten, der über ihrer Geburt lag. Aber sie war so unschuldig, daß sie einen solchen Schatten wahrscheinlich nicht bemerken oder verstehen würde.

Eric kam zu dem Schluß, daß es nur die Ängste eines sensiblen Kindes waren, das in unnatürlichen und ungesunden Verhältnissen aufgewachsen war.

Schließlich sagten ihm die immer länger werdenden Schatten, daß es Zeit war, nach Hause zu gehen.

„Sie kommen doch morgen und spielen für mich“, sagte er und stand widerwillig auf.

Sie antwortete mit einem leichten Nicken und einem Lächeln, das mehr sagte als tausend Worte.

Er sah ihr nach, als sie durch den Obstgarten „mit des Mondes Schönheit und des Mondes mildem Gleiten“[4] und die Allee mit den wilden Kirschbäumen hinunter ging. An der Ecke mit den Fichten blieb sie stehen und winkte ihm zu, bevor sie abbog.

Als Eric nach Hause kam, saß der alte Robert Williamson in der Küche beim Mittagessen, das aus Brot und Milch bestand. Er blickte auf und lächelte freundlich, als Eric pfeifend hereinkam.

„Haben Sie einen Spaziergang gemacht, Master?“ fragte er.

„Ja“, sagte Eric.

Ohne daß es ihm bewußt war, schwang in dieser einen Silbe ein solcher Triumph mit, daß sogar der alte Robert es merkte. Mrs. Williamson, die am Ende des Tisches Brot schnitt, legte ihr Messer hin und sah den jungen Mann mit einem Hauch von Besorgnis an. Sie

---

4 Aus: William Wordsworth: *The Prelude or Growth of a Poet's Mind.* Zitiert aus der Übersetzung von Hermann Fischer (Anm. d. Übers.)

fragte sich, ob er wieder im Obstgarten der Connors gewesen war – und ob er Kilmeny Gordon wiedergesehen hatte.

„Sie haben nicht zufällig eine Goldmine entdeckt?“ sagte der alte Robert trocken. „So sehen Sie nämlich aus.“

8. Das Tor zum Garten Eden

Als Eric am nächsten Abend in den alten Obstgarten der Connors ging, wartete Kilmeny schon auf ihn. Sie saß auf der Bank unter dem weißen Flieder, mit der Geige im Schoß. Sobald sie ihn sah, nahm sie sie in die Hand und begann eine fröhliche kleine Melodie zu spielen, die klang wie das Lachen von Gänseblümchen.

Als sie zu Ende gespielt hatte, ließ sie den Bogen sinken und sah ihn mit geröteten Wangen und fragendem Blick an.

„Was hat die Melodie dir gesagt?“ schrieb sie.

„Sie sagte ungefähr folgendes“, ging Eric lächelnd darauf ein, „willkommen, mein Freund. Es ist ein wunderschöner Abend. Der Himmel ist so blau, und die Apfelblüten duften so süß. Der Wind und ich waren hier allein, und der Wind ist gute Gesellschaft, aber ich freue mich trotzdem, dich zu sehen. Heute ist ein Abend, an dem es Freude macht, zu leben und in einem Obstgarten spazierenzugehen. Willkommen, mein Freund.“

Sie klatschte in die Hände und sah aus wie ein Kind, das sich freut.

„Du begreifst schnell“, schrieb sie. „Genau das habe ich gemeint. Natürlich habe ich nicht genau diese Worte gedacht, aber das war das *Gefühl,* das ich hatte. Ich war so froh, daß ich lebe und daß die Apfelblüten und der weiße Flieder und die Bäume und ich uns alle gemeinsam freuten, dich kommen zu sehen. Du verstehst mich besser als Neil. Er weiß nie, was ich mit meiner Musik sagen will, und ich finde seine genauso verwirrend. Manchmal habe ich Angst davor. Es ist, als wäre etwas darin, das versucht, mich in seine Gewalt zu bekommen – etwas, das ich nicht mag und vor dem ich weglaufen will.“

Aus irgendeinem Grund störte es Eric, wenn sie von Neil sprach. Die Vorstellung, daß dieser hübsche Junge von niederer Herkunft Kilmeny jeden Tag sah, mit ihr sprach, an einem Tisch mit ihr saß, unter dem gleichen Dach wohnte und das Leben mit ihr teilte, war ihm unbehaglich. Er schob den Gedanken beiseite und warf sich in das hohe Gras zu ihren Füßen.

„Nun spiel bitte für mich“, sagte er, „ich möchte hier liegen und dir zuhören.“

„Und dich ansehen“, hätte er hinzufügen können. Er konnte nicht sagen, was er mehr genoß. Ihre makellose Schönheit begeisterte ihn, und ihre Musik zog ihn in ihren Bann. Dieses Kind, sagte er sich, als er zuhörte, hat eine große Begabung. Aber sie wurde verschwendet. Er dachte mit tiefer Abneigung an die Leute, die ihre Vormünder und für ihr seltsames Leben verantwortlich waren. Sie hatten ihr ein großes und nicht wiedergutzumachendes Unrecht zugefügt. Wie konnten sie sie zu einem solchen Dasein verurteilen? Wenn man ihre Sprachschwierigkeiten rechtzeitig behandelt hätte, wer weiß, vielleicht hätte sie geheilt werden können? Jetzt war es wahrscheinlich zu spät. Die Natur hatte ihr das königliche Geburtsrecht von Talent und Schönheit gegeben, aber selbstsüchtige und unverzeihliche Vernachlässigung hatte es wertlos gemacht.

Was für göttliche Musik sie der alten Geige entlockte – fröhlich und traurig, unbeschwert und bekümmert, je nachdem – Musik, die die Sterne am Morgen zusammen hätten machen können, zu der die Feen um grüne Hügel oder auf gelben Dünen hätten tanzen können, Musik, die am Grab einer toten Hoffnung weinte. Dann verfiel sie in einen noch süßeren Klang. Als er zuhörte, wurde ihm klar, daß die ganze Seele des Mädchens in ihrer Musik zum Ausdruck kam – die Schönheit und Reinheit ihrer Gedanken, ihre Kinderträume. Sie verbarg nichts und offenbarte sich ganz und gar, ohne daß es ihr bewußt war.

Schließlich legte sie ihre Geige hin und schrieb: „Ich habe mein Bestes getan, um dir eine Freude zu machen. Jetzt bist du an der Reihe. Weißt du noch, was du mir gestern abend versprochen hast? Hast du es gehalten?“

Er gab ihr die beiden Bücher, die er ihr mitgebracht hatte – einen modernen Roman und einen Gedichtband, die sie noch nicht kannte. Beim ersten hatte er etwas gezögert, aber das Buch war so reich an Schönheit, daß er fand, es würde die Blüte ihrer Unschuld nicht im geringsten ankratzen. Bei den Gedichten hatte er keinen Zweifel. Es war die Offenbarung einer inspirierten Seele, deren flüchtige Spur das Königreich ihrer Geburt und ihres Wirkens zu einem wahrhaft geheiligten Land gemacht hat.

Er las ihr einige der Gedichte vor. Dann erzählte er ihr von seiner Zeit am College und seinen Freunden dort. Die Zeit verging wie im Flug. Die Welt außerhalb des Obstgartens mit seinen herabfallenden Blütenblättern und Schatten und dem flüsternden Wind hörte für ihn auf zu existieren. Einmal, als er ihr von ein paar College-Streichen erzählte, die die ewig verfeindeten Erstsemester und Fortgeschrittenen einander gespielt hatten, klatschte sie auf ihre Art in die Hände und lachte laut – ein klares, musikalisches, silberhelles Lachen. Eric bekam beinahe einen Schock. Er fand es unglaublich, daß sie so lachen, aber doch nicht sprechen konnte. Worin bestand das Hindernis, das ihr den Weg zur Sprache versperrte? Konnte es vielleicht beseitigt werden?

„Kilmeny“, sagte er nach einer Weile des Nachdenkens, in der er sie betrachtet hatte, als sie im rötlichen Sonnenlicht saß, das durch die Fliederzweige auf ihr seidiges Haar fiel und glänzte wie ein Diadem aus Rubinen, „darf ich dich etwas fragen, das deine Stummheit betrifft? Oder ist es dir unangenehm, mit mir darüber zu sprechen?“

Sie schüttelte den Kopf.

„O nein“, schrieb sie, „es macht mir gar nichts aus. Natürlich bin ich traurig, daß ich nicht sprechen kann, aber ich bin daran gewöhnt, und es ist mir nicht unangenehm.“

„Dann sag mir eins, Kilmeny. Weißt du, woran es liegt, daß du nicht sprechen kannst, wenn dir sonst nichts fehlt?“

„Nein, ich habe keine Ahnung, warum ich nicht sprechen kann. Einmal habe ich meine Mutter gefragt, und sie sagte, es sei die Strafe für eine schwere Sünde, die sie begangen habe. Sie sah so seltsam aus, daß ich Angst bekam, und ich habe nie wieder mit jemandem darüber gesprochen.“

„Warst du jemals bei einem Arzt, um deine Zunge und Stimmbänder untersuchen zu lassen?“

„Nein. Als ich noch sehr klein war, wollte Onkel Thomas mich zum Arzt nach Charlottetown bringen, um zu sehen, ob etwas für mich getan werden könnte, aber Mutter war nicht einverstanden. Sie sagte, es habe keinen Sinn. Und ich glaube, Onkel Thomas war der gleichen Meinung.“

„Dein Lachen klingt ganz normal. Kannst du noch andere Geräusche machen?“

„Ja, manchmal. Wenn ich mich freue oder Angst habe, kann ich kleine Laute von mir geben, aber nur, wenn ich nicht darüber nachdenke. Wenn ich *versuche,* ein Geräusch zu machen, geht es gar nicht.“

Das fand Eric geheimnisvoller als alles andere.

„Versuchst du manchmal zu sprechen – Worte zu sagen?“ fragte er.

„O ja, sehr oft. Ich sage die Worte in meinem Kopf, wie ich sie andere Leute sagen höre, aber ich kann meine Zunge nicht dazu bringen, sie zu sagen. Mach nicht so ein trauriges Gesicht, mein Freund. Ich bin sehr glücklich und finde es meistens nicht so schlimm, daß ich nicht sprechen kann – nur manchmal, wenn mir soviel durch den Kopf geht und das Schreiben so lange dauert, daß ich einiges vergesse, was ich sagen wollte. Ich muß dir wieder etwas vorspielen. Du siehst zu ernst aus.“

Sie lachte wieder, nahm ihre Geige und spielte eine freche kleine Melodie, als wolle sie ihn aufziehen. Dabei sah sie ihn mit leuchtenden Augen an, die ihn zum Lachen bringen wollten.

Eric lächelte, aber der verwirrte Ausdruck auf seinem Gesicht verschwand den ganzen Abend nicht mehr. Er war in dumpfes Brüten versunken, als er nach Hause ging. Kilmenys Fall erschien ihm höchst sonderbar, und je mehr er darüber nachdachte, desto merkwürdiger fand er ihn.

Es kommt mir sehr seltsam vor, daß sie nur Geräusche machen kann, wenn sie nicht darüber nachdenkt, grübelte er. Ich wünschte, David Baker könnte sie untersuchen, aber ich fürchte, das kommt nicht in Frage. Das ungute Gespann, das sie unter seiner Fuchtel hat, würde es nie erlauben.

9. Ungekünstelt wie Eva

Die nächsten drei Wochen hatte Eric das Gefühl, zwei Leben zu führen, die so verschieden waren, als habe er eine gespaltene Persönlichkeit. In einem unterrichtete der die Schüler von Lindsay eifrig und gewissenhaft, löste Probleme, führte theologische Debatten mit Robert Williamson, besuchte seine Schüler zu Hause und trank Tee mit ihren Eltern, ging zu ein oder zwei Tanzabenden, und ohne es auch nur zu merken, verwirrte er die Herzen der Mädchen von Lindsay.

Aber das war nur der Alltag. Wirklich lebendig fühlte er sich nur in seinem anderen Leben, das er in einem verwilderten alten Obstgarten verbrachte, wo die Zeit stillstand und der Juniwind in den alten Fichten rauschte.

Hier traf er sich jeden Abend mit Kilmeny; in dem alten Obstgarten verbrachten sie stille glückliche Stunden miteinander. Zusammen wanderten sie durch die Felder alter Romanzen, zusammen lasen sie viele Bücher und sprachen über alles mögliche, und wenn sie genug von allem anderen hatten, spielte Kilmeny ihm etwas vor, und der alte Obstgarten hallte wider von ihren wunderschönen, phantastischen Melodien.

Bei jeder Begegnung war er aufs neue überwältigt von ihrer Schönheit. Wenn sie nicht zusammen waren, hatte er das Gefühl, daß sie nicht so schön sein könne, wie er sie in Erinnerung hatte, und wenn er sie wiedersah, war sie sogar noch schöner. Er lernte, nach der unverhüllten Wiedersehensfreude in ihren Augen Ausschau zu halten. Sie war fast immer vor ihm da, und man merkte immer, daß sie sich freute, ihn zu sehen. Es war die ungekünstelte Freude eines Kindes, das auf einen guten Freund wartet.

Sie war nie zweimal in derselben Stimmung. Einmal war sie ernst, dann fröhlich, manchmal feierlich und dann wieder grüblerisch. Aber immer war sie bezaubernd. Der alte Stamm der Gordons mochte knorrig und verbogen sein, aber er hatte wenigstens diese eine perfekte Blüte hervorgebracht. Ihr Herz und ihr Gemüt, völlig unverdorben von der Welt, waren so schön wie ihr Gesicht. Alle Häßlichkeit des Daseins war spurlos an ihr vorübergegangen, dank der Abgeschiedenheit, die sie ihrer Stummheit und ihrer Erziehung verdankte.

Sie war von Natur aus klug und lernte schnell. Gelegentlich blitzte ihr Humor auf, sie konnte launisch sein und sogar auf eine liebenswerte Art kapriziös. Manchmal funkelte unschuldige Verschmitztheit in den Tiefen ihrer blauen Augen. Nicht einmal Sarkasmus war ihr fremd. Dann und wann brachte sie mit einem bissigen Kommentar eine Seifenblase männlicher Eitelkeit und Überlegenheit zum Platzen.

Sie nahm die Gedanken aus den Büchern auf, die sie lasen, suchte sich immer das Beste und Wahre heraus, und lehnte alles Falsche und Unaufrichtige und Schwache ab. Sie legte eine unfehlbare Intuition an den Tag, die Eric bewunderte. Sie hatte einen Speer wie Ithuriel, der alle Schlacke zerstört und nur das pure Gold übrigläßt.

Ihr Verhalten und ihre Ansichten waren immer noch die eines Kindes. Aber hin und wieder war sie so alt wie Eva. Ein Ausdruck stahl sich in ihr lachendes Gesicht, ein wissender Blick uralter Weisheit.

Ihr Lächeln faszinierte ihn. Es begann in den Tiefen ihrer Augen und kam dann an die Oberfläche, wie Sonnenstrahlen, die plötzlich auf einen See im Schatten fallen und ihn aufleuchten lassen.

Er wußte alles über ihr Leben. Sie hatte ihm unumwunden ihre Geschichte erzählt. Sie erwähnte oft ihren Onkel und ihre Tante, die sie offenbar sehr liebte. Von ihrer Mutter sprach sie kaum, und Eric verstand – weniger durch das, was sie sagte, als vielmehr durch das, was sie nicht sagte –, daß Kilmeny ihre Mutter geliebt, aber auch Angst vor ihr gehabt hatte. Zwischen ihnen hatte nicht die natürliche Innigkeit von Mutter und Kind geherrscht.

Über Neil schrieb sie anfangs sehr oft und schien ihn sehr gernzuhaben. Später erwähnte sie ihn nicht mehr. Vielleicht merkte sie etwas, das Eric selbst nicht bewußt war – daß sich sein Blick verfinsterte, wenn Neils Name fiel. Ihr entging keine noch so flüchtige Veränderung in seiner Miene und seinem Tonfall.

Einmal fragte sie ihn naiv: „Gibt es auf der Welt viele Leute wie dich?“

„Tausende“, sagte Eric lachend.

Sie sah ihn ernst an. Dann schüttelte sie energisch den Kopf.

„Das glaube ich nicht“, schrieb sie. „Ich weiß nicht viel über die Welt, aber ich glaube nicht, daß es viele Menschen wie dich gibt.“

Eines Abends, als die fernen Hügel und Felder in einen feinen Purpurschleier gehüllt war, der gelegentlich von goldenem Nebel unterbrochen wurde, brachte Eric ein kleines, zerlesenes Büchlein mit in den Obstgarten, das eine Liebesgeschichte enthielt. Es war das erste Mal, daß er ihr ein solches Buch vorlas, denn in dem ersten Roman, den er ihr geliehen hatte, hatte die Liebesgeschichte nur eine Nebenrolle gespielt. Das hier war ein wunderschönes, leidenschaftliches Idyll.

Er lag zu ihren Füßen im Gras und las es ihr vor. Sie lauschte mit gefalteten Händen und gesenktem Kopf. Es war keine lange Geschichte, und als er geendet hatte, klappte er das Buch zu und sah fragend zu ihr auf.

„Gefällt es dir, Kilmeny?“ fragte er.

Sehr langsam nahm sie ihre Tafel und schrieb: „Ja, es gefällt mir. Aber es tut mir auch weh. Ich wußte nicht, daß man etwas mögen kann, das einem wehtut. Ich weiß nicht, warum es mir wehtut. Es war, als hätte ich etwas verloren, das ich nie hatte. Das ist albern von mir, oder? Aber ich habe das Buch ohnehin nicht gut verstanden. Es handelt von Liebe, und ich weiß nichts über Liebe. Mutter hat mir einmal gesagt, Liebe sei ein Fluch, und ich solle beten, daß sie nie in mein Leben treten würde. Es klang sehr ernst, und so habe ich ihr geglaubt. Aber in deinem Buch steht, Liebe sei ein Segen – das Wunderbarste im Leben. Was soll ich glauben?“

„Liebe – wahre Liebe – ist nie ein Fluch, Kilmeny“, sagte Eric ernst. „Es gibt falsche Liebe, die wirklich ein Fluch ist. Vielleicht dachte deine Mutter, ihr Leben sei dadurch ruiniert worden. Sie hat sich geirrt. Nichts auf der Welt – und ich glaube, nicht einmal im Himmel – ist so schön und wundervoll und gesegnet wie Liebe.“

„Hast du jemals geliebt?“ fragte Kilmeny mit der Direktheit, die durch ihre Art der Verständigung nötig wurde und die manchmal etwas abschreckend war. Sie stellte die Frage unumwunden und ohne Verlegenheit. Sie sah keinen Grund, warum sie mit Eric nicht über Liebe reden sollte wie über andere Dinge – Musik und Bücher und Reisen.

„Nein“, sagte Eric – ehrlich, wie er fand, „aber jeder hat ein Ideal der Liebe und hofft, ihm eines Tages zu begegnen –‚die vollkommene Frau aus dem Traum eines jungen Mannes‘[5]. Ich habe wahrscheinlich auch eines in einem verborgenen Winkel meines Herzens.“

5 Zitat aus: Henry Wadsworth Longfellow, *The Falcon of Ser Federigo* (Anm. d. Übers.).

„Und deine vollkommene Frau wäre sicher schön, so wie die Frau in deinem Buch?“

„O ja, ich bin sicher, daß ich nie eine häßliche Frau lieben könnte“, sagte Eric, lachte ein wenig und setzte sich auf. „Unsere Idealbilder sind immer wunderschön, ob das nun realistisch ist oder nicht. Aber die Sonne geht schon unter. Die Zeit vergeht in diesem verzauberten Garten wirklich wie im Flug. Ich glaube, du zauberst sie weg, Kilmeny. Deine Namensschwester aus dem Gedicht war ein etwas unheimliches Mädchen, wenn ich mich recht erinnere – für sie vergingen sieben Jahre im Elfenland so schnell wie für gewöhnliche Sterbliche eine halbe Stunde auf der Erde. Eines Tages werde ich aufwachen und glauben, ich hätte nur eine Stunde träumend hier verbracht – und feststellen, daß ich ein alter Mann mit weißem Haar und zerlumptem Mantel bin, so wie in dem Märchen, das wir neulich abend gelesen haben. Darf ich dir dieses Buch geben? Ich würde nie das Sakrileg begehen, es an einem anderem Ort zu lesen als diesem. Es ist ein altes Buch, Kilmeny. Ein neues Buch, das noch nach dem Laden riecht, so schön es auch wäre, würde nicht zu dir passen. Es hat meiner Mutter gehört. Sie hat es gelesen und es geliebt. Sieh nur – die verwelkten Rosenblätter, die sie einmal darin gepreßt hat, sind immer noch da! Ich schreibe deinen Namen hinein – deinen seltsamen schönen Namen, der klingt, als wäre er für dich erfunden worden – ‚Kilmeny im Garten‘ – und das Datum von heute. Es wird dich immer an mich erinnern – und an die weißen Knospen des Rosenbusches neben dir, die sich gerade öffnen, und an das Rauschen und Flüstern in den Wipfeln der alten Fichten.“

Er hielt ihr das Buch hin, aber zu seiner Überraschung schüttelte sie den Kopf, und ihr Gesicht rötete sich.

„Willst du das Buch nicht mitnehmen, Kilmeny? Warum nicht?“

Sie nahm ihren Griffel und schrieb langsam – nicht schnell wie sonst.

„Sei nicht böse auf mich. Ich brauche kein Andenken, weil ich dich sowieso nicht vergessen kann. Aber ich möchte das Buch lieber nicht haben – ich will es nicht noch einmal lesen. Es handelt von Liebe, und darüber brauche ich nichts zu erfahren. Mich wird niemals jemand lieben – ich bin zu häßlich."

„Du! Häßlich!" rief Eric fassungslos. Er war kurz davor, in lautes Lachen auszubrechen, als ein Blick auf ihr halb abgewandtes Gesicht ihn zurückhielt. Es zeigte einen gekränkten, bitteren Ausdruck, den er schon einmal gesehen hatte – als er sie gefragt hatte, ob sie die Welt nicht selber sehen wolle.

„Kilmeny", sagte er entgeistert, „du glaubst doch nicht wirklich, du seist häßlich, oder?"

Sie nickte, ohne ihn anzusehen, und schrieb dann:

„O doch, ich weiß, daß ich häßlich bin. Ich weiß es schon lange. Mutter sagte mir, ich sei sehr häßlich, und daß mich nie jemand gern ansehen würde. Es tut mir leid. Ich finde es viel schlimmer zu wissen, daß ich häßlich bin, als daß ich nicht sprechen kann. Wahrscheinlich findest du das furchtbar albern von mir, aber es ist so. Darum bin ich so lange nicht mehr in den Obstgarten gekommen, obwohl ich meinen Schock schon überwunden hatte. Der Gedanke, daß du mich häßlich finden würdest, war zu schrecklich. Und darum will ich nicht in die Welt hinaus und Menschen sehen. Sie würden mich anstarren, wie es der Eierverkäufer einmal getan hat, als ich mit Tante Janet zu seinem Wagen gegangen bin – im Frühling nach Mutters Tod. Er hat mich angestarrt, und ich wußte, es lag daran, daß er mich so häßlich fand, und danach habe ich mich immer versteckt, wenn er kam."

Um Erics Mundwinkel zuckte es. Der echte Kummer in ihrem Blick ging ihm zu Herzen, aber er konnte nicht anders – die Vorstellung, daß dieses wunderschöne Mädchen sich wirklich häßlich fühlte, war einfach zu komisch.

„Aber Kilmeny, findest du dich häßlich, wenn du dich im Spiegel siehst?“ fragte er lächelnd.

„Ich habe mich nie im Spiegel gesehen“, schrieb sie. „Ich wußte gar nicht, daß es Spiegel gibt – bis Mutter starb und ich in einem Buch davon gelesen habe. Dann habe ich Tante Janet gefragt, und sie sagte, meine Mutter habe alle Spiegel im Haus zertrümmert, als ich klein war. Aber ich habe mein Spiegelbild in den Löffeln gesehen – und in Tante Janets kleiner silberner Zuckerdose. Und es *ist* häßlich – sehr häßlich sogar!“

Eric vergrub sein Gesicht im Gras. Er konnte sich beim besten Willen nicht das Lachen verkneifen, wollte aber auf keinen Fall, daß Kimberly ihn lachen sah. Eine verrückte Idee kam ihm, und er beeilte sich nicht, ihr die Wahrheit zu sagen, was sein erster Gedanke gewesen war. Als er es fertigbrachte, wieder aufzublicken, sagte er stattdessen langsam: „Ich finde dich nicht häßlich, Kilmeny.“

„Oh, ich bin sicher, daß du es tust“, schrieb sie. „Sogar Neil findet das. Er sagt mir, ich sei gut und freundlich, aber als ich ihn einmal gefragt habe, ob er mich sehr häßlich finde, hat er weggesehen und nicht geantwortet – und da wußte ich, was er dachte. Laß uns nicht mehr davon sprechen. Es macht mich traurig und verdirbt alles. Laß mich dir zum Abschied etwas Schönes vorspielen, und sei nicht böse, weil ich das Buch nicht genommen habe. Es würde mich nur traurig machen, es zu lesen.“

„Ich bin nicht böse“, sagte Eric, „und ich denke, eines Tages wirst du es doch noch lesen – wenn ich dir etwas gezeigt habe, das du sehen solltest. Mach dir nie Gedanken um dein Aussehen, Kilmeny. Schönheit ist nicht alles.“

„Oh, es spielt eine große Rolle", schrieb sie naiv. „Aber du magst mich, obwohl ich so häßlich bin, nicht wahr? Du magst mich wegen meiner schönen Musik, nicht wahr?"

„Ich mag dich sehr, Kilmeny", antwortete Eric und lachte ein wenig, aber in seiner Stimme schwang ein zärtlicher Ton mit, der ihm nicht bewußt war. Aber Kilmeny merkte es und nahm ihre Geige mit einem glücklichen Lächeln.

Er ließ sie spielen, und während er durch den dämmerigen, nach Harz duftenden Fichtenwald ging, begleitete ihre Musik ihn wie ein unsichtbarer Schutzengel.

„Kilmeny die Schöne!" murmelte er. „Und dennoch– lieber Himmel – das Kind glaubt, es sei häßlich – und dabei ist ihr Gesicht schöner, als ein Künstler es sich träumen läßt! Ein Mädchen von achtzehn, das nie in einen Spiegel gesehen hat! Ich frage mich, ob es noch ein solches in einem zivilisierten Land auf der Welt gibt. Was hat ihre Mutter geritten, ihr so eine Lüge zu erzählen? Ich frage mich, ob Margaret Gordon ganz bei Trost war. Seltsam, daß Neil ihr nie die Wahrheit gesagt hat. Vielleicht will er nicht, daß sie es herausfindet."

Eric war Neil Gordon ein paar Tage zuvor begegnet – auf einem Tanzabend, bei dem Neil Geige für die Tänzer gespielt hatte. Aus Neugier hatte er die Gesellschaft des Jungen gesucht. Neil war zunächst freundlich und gesprächig gewesen, aber bei Erics erster geschickter Anspielung auf die Gordons hatten sich seine Miene und sein Verhalten geändert. Er sah argwöhnisch und verschlossen aus, beinahe finster. Ein mürrischer Blick trat in seine großen dunklen Augen, und er machte mit dem Geigenbogen ein mißtönendes Quietschen auf den Saiten, wie um das Gespräch zu beenden. Aus ihm war nichts über Kilmeny und ihre grimmigen Bewacher herauszubekommen.

10. Unruhige Gewässer

Eines Abends Ende Juni saß Mrs. Williamson in ihrer Küche am Fenster. Ihr Strickzeug lag unberührt auf ihrem Schoß, und sie hatte keine Augen für Timothy, der schmeichelnd den Kopf an ihrem Fuß rieb und laut schnurrte, als er auf dem alten Teppich lag. Sie stützte das Kinn in die Hand und sah bekümmert aus dem Fenster.

Ich fürchte, ich muß mit ihm reden, dachte sie bekümmert. Und dabei ist es mir zuwider, mich einzumischen. Meine Mutter sagte immer, daß davon alles noch schlimmer wird. Aber ich denke, es ist meine Pflicht. Ich war Margarets Freundin und bin verpflichtet, ihr Kind zu beschützen, wenn ich kann. Wenn der Master sich mit ihr trifft, muß ich ihm sagen, was ich davon halte."

Oben in seinem Zimmer ging Eric pfeifend auf und ab. Jetzt kam er herunter. In Gedanken war er im Obstgarten und dem Mädchen, das dort auf ihn wartete.

Als er durch den kleinen Flur ging, hörte er Mrs. Williamson nach ihm rufen.

„Mr. Marshall, würden Sie bitte einen Moment herkommen?"

Er ging in die Küche. Mrs. Williamson sah ihn mißbilligend an. Ihre faltigen Wangen waren gerötet, und ihre Stimme zitterte.

„Mr. Marshall, ich möchte Sie etwas fragen. Vielleicht finden Sie, daß es mich nichts angeht. Aber ich frage nicht, um mich einzumischen – nein –, sondern weil ich der Meinung bin, daß ich mit Ihnen reden muß. Ich habe lange darüber nachgedacht und habe das Gefühl, daß ich es ihnen sagen sollte. Ich hoffe, daß Sie es mir nicht übelnehmen, aber selbst wenn – es muß gesagt werden. Gehen Sie in den alten Obstgarten der Connors, um sich mit Kilmeny Gordon zu treffen?"

Eine zornige Röte überflog Erics Gesicht. Mrs. Williamsons Ton ärgerte ihn mehr als ihre Worte.

„Ja, das tue ich, Mrs. Williamson", sagte er kühl. „Und?"

„Dann, Sir", sagte Mrs. Williamson deutlich energischer, „muß ich Ihnen sagen, daß ich Ihr Handeln nicht gutheißen kann. Mir schwante schon lange, daß Sie jeden Abend dorthin gehen, aber ich habe niemandem ein Wort davon gesagt. Nicht einmal mein Mann weiß es. Aber sagen Sie mir eins, Master. Wissen Kilmenys Onkel und Tante, daß Sie sich mit ihr treffen?"

„Oh", sagte Eric etwas verwirrt, „ich – ich weiß nicht, ob sie es wissen oder nicht. Aber Mrs. Williamson – Sie glauben doch nicht, daß ich Kilmeny Gordon etwas antun würde?"

„Nein, natürlich nicht, Master. Ich würde es bei einigen Männern befürchten, aber niemals bei Ihnen. Ich glaube keine Sekunde, daß Sie ihr oder irgendeiner anderen Frau bewußt Unrecht zufügen würden. Aber Sie können Ihr trotzdem sehr wehtun. Ich nehme an, daß Sie das nicht bedacht haben. Kilmeny hat keine Ahnung von der Welt oder von Männern, und vielleicht werden Sie zu wichtig für sie. Das könnte ihr das Herz brechen, denn Sie könnten nie ein stummes Mädchen wie sie heiraten. Deshalb finde ich, Sie sollten sich nicht mehr so oft und auf diese Weise mit ihr treffen. Es ist nicht richtig, Master. Gehen Sie nicht wieder in den Obstgarten."

Eric wandte sich wortlos ab und ging hinauf in sein

Zimmer. Mrs. Williamson griff mit einem Seufzer nach ihrem Strickzeug.

„Endlich habe ich es hinter mir, Timothy, und dafür bin ich dankbar“, sagte sie. „Ich glaube, ich habe genug gesagt. Mr. Marshall ist ein feiner junger Mann, nur ein bißchen gedankenlos. Jetzt sind ihm die Augen aufgegangen, und ich bin sicher, er wird das Richtige tun. Ich möchte nicht, daß Margarets Kind unglücklich wird.“

Ihr Mann kam zur Küchentür und setzte sich auf die Treppe, um seine Abendpfeife zu rauchen. Zwischen den Rauchwolken, die er ausstieß, erzählte er seiner Frau von der Kirchenbank des Kirchenältesten Tracy und Mary Alice Martins Verehrer, den Preisen, die Jake Crosby für Eier verlangte, wieviel Heu die Wiese auf dem Hügel abgeworfen hatte, von dem Ärger, den er mit Mollys Kalb hatte, und den jeweiligen Vorzügen von Plymouth Rock- und Brahma-Hähnen. Mrs. Williamson antwortete nur einsilbig und hörte kaum ein Wort.

„Was ist mit dem Master los, Mutter?“ fragte der alte Robert plötzlich. „Ich höre, daß er in seinem Zimmer auf und ab tigert, als sei er eingesperrt. Du hast ihn doch nicht aus Versehen eingeschlossen?“

„Wahrscheinlich macht Seth Tracy ihm in der Schule Ärger“, sagte Mrs. Williamson. Sie wollte nicht, daß ihr Mann mit seiner Vorliebe für Klatschgeschichten Wind von Erics Verhältnis zu Kilmeny Gordon bekam.

„Ach, das braucht ihn doch nicht zu kümmern. Seth wird sich fügen, sobald er merkt, daß er dem Master nicht auf der Nase herumtanzen kann. Er ist ein selten guter Lehrer – sogar noch besser als Mr. West, und das will etwas heißen. Die Verwalter hoffen, daß er noch ein Trimester bleibt. Sie wollen ihn morgen auf der Jahresverwaltung fragen und ihm ein höheres Gehalt anbieten.“

Oben in seinem kleinen Zimmer unter der Dachschräge wurde Eric Marshall von einem Gefühlsausbruch überwältigt, wie er ihn noch nie erlebt hatte. Er ging auf und ab, mit zusammengepreßten Lippen und geballten Fäusten, bis er erschöpft war. Dann ließ er sich in einen Stuhl am Fenster fallen und versuchte, des Ansturms Herr zu werden.

Mrs. Williamsons Worte hatten den Schleier des Selbstbetrugs weggezogen. Er sah der Tatsache ins Gesicht, daß er Kilmeny Gordon liebte und daß es die Liebe war, die man nur einmal erlebt und die für immer ist. Er wunderte sich, daß er so lange blind gewesen war. Er wußte, daß er sie liebte, seit er sie zum erstenmal gesehen hatte.

Und er wußte, daß er sich entscheiden mußte – entweder ging er nie wieder in den Obstgarten – oder er ging hin, um um ihre Hand anzuhalten.

Weltklugheit, sein Erbe einer langen Reihe von geschäftstüchtigen, vernünftigen Vorfahren, war in Eric sehr lebendig, und er gab nicht leicht seiner Leidenschaft nach. Die ganze Nacht kämpfte er gegen das neue Gefühl an, das drohte, seinen „gesunden Menschenverstand" zu überrollen, jenen gesunden Menschenverstand, den er laut David Baker nicht vergessen sollte, wenn er um eine Frau anhielt. Wäre eine Heirat mit Kilmeny Gordon nicht in jeder Hinsicht unklug?

Dann überkam ihn etwas, das stärker und lebendiger war als Vernunft oder Unvernunft, und es gewann die Oberhand. Kilmeny, die schöne, stumme Kilmeny, war, wie er einmal unwillkürlich gedacht hatte, die einzige Frau für ihn. Nichts sollte sie trennen. Der bloße Gedanke, sie nicht wiederzusehen, war so unerträglich, daß er über sich selbst lachen mußte, weil er es überhaupt erwogen hatte.

„Wenn ich Kilmenys Liebe gewinnen kann, halte ich um ihre Hand an", sagte er und sah aus dem Fenster zu dem dunklen Hügel im Südwesten, hinter dem sein Obstgarten lag.

Am samtblauen Himmel funkelten immer noch Sterne, aber das Wasser im Hafen färbte sich langsam silbern. Es spiegelte den anbrechenden Morgen wider.

„Ihr Gebrechen wird sie mir noch lieber machen. Ich kann nicht fassen, daß ich sie vor einem Monat noch nicht kannte. Mir scheint, daß sie immer ein Teil meines Lebens war. Ich frage mich, ob sie traurig war, weil ich gestern abend nicht in den Obstgarten gegangen bin – wenn sie auf mich gewartet hat. Wenn ja, weiß sie es selbst noch nicht. Es wird meine schöne Aufgabe zu sein, sie zu lehren, was Liebe bedeutet – und niemand hatte je eine liebenswertere Schülerin.“

Bei der jährlichen Schulversammlung am nächsten Nachmittag wurde Eric gebeten, auch im nächsten Jahr an der Lindsay School zu unterrichten. Er stimmte zu, ohne zu zögern.

Am gleichen Abend ging er zu Mrs. Williamson, die in der Küche ihr Teegeschirr abwusch.

„Mrs. Williamson, ich gehe heute abend wieder in den Obstgarten, um Kilmeny zu sehen.“

Sie sah ihn vorwurfsvoll an.

„Nun, Master, ich habe nichts weiter zu sagen. Es würde wohl ohnehin nichts bringen. Aber Sie wissen, was ich davon halte.“

„Ich will Kilmeny Gordon heiraten, wenn sie ja sagt.“

Die gute Frau starrte ihn fassungslos an. Einen Moment lang musterte sie forschend den entschlossenen Zug um den Mund und den unverwandten Blick der grauen Augen. Dann sagte sie besorgt: „Halten Sie das für klug, Master? Ich nehme an, daß Kilmeny hübsch ist – der Eierverkäufer hat es mir erzählt, und sie ist zweifellos ein gutes nettes Mädchen. Aber sie ist keine passende Frau für sie – ein Mädchen, das nicht sprechen kann!“

„Das spielt keine Rolle für mich!“

„Aber was werden Ihre Leute dazu sagen?“

„Ich habe keine ‚Leute‘ außer meinem Vater. Wenn er Kilmeny sieht, wird er es verstehen. Sie ist alles für mich, Mrs. Williamson.“

„Wenn Sie meinen, daß nichts weiter zu sagen ist“, antwortete sie ruhig. „Ich wäre allerdings etwas nervös, wenn ich Sie wäre. Aber junge Leute denken nie über so etwas nach.“

„Meine einzige Sorge ist, daß sie mich nicht liebt“, sagte Eric gelassen.

Mrs. Williamson sah den gutaussehenden, breitschultrigen jungen Mann durchdringend an.

„Ich glaube, daß nur wenige Frauen nein zu Ihnen sagen würden, Master. Ich wünsche Ihnen Glück für Ihre Brautwerbung, obwohl ich nicht umhin kann zu denken, daß Sie eine Wahnsinnstat begehen. Ich hoffe, Sie bekommen keinen Ärger mit Thomas und Janet. Bei ihnen weiß man nie – sie sind so anders als andere. Aber hören Sie auf meinen Rat, Master, und gehen Sie gleich zu ihnen Treffen Sie sich nicht weiter ohne ihr Wissen mit Kilmeny.“

„Diesen Rat werde ich sicher beherzigen“, sagte Eric ernst. „Ich hätte schon eher zu ihnen gehen sollen. Es war gedankenlos, daß ich es noch nicht getan habe. Vielleicht wissen sie es schon, Kilmeny kann es ihnen erzählt haben.“

Mrs. Williamson schüttelte entschieden den Kopf.

„Nein, nein, Master, das hat sie nicht. Wenn Thomas und Janet davon wüßten, würden sie sie nicht mehr in den Garten gehen lassen. Ich kenne die beiden zu gut, um nur einen Moment zu zweifeln. Gehen Sie sofort zu ihnen und sagen Sie ihnen genau das, was Sie gerade zu mir gesagt haben. Das ist die beste Strategie, Master. Und nehmen Sie sich vor Neil in Acht. Die Leute sagen, er habe selbst ein Auge auf Kilmeny geworfen. Er wird

Ihnen Ärger machen, wenn er kann, daran habe ich keinen Zweifel. Diesen Ausländern kann man nicht trauen – und er ist genauso ein Ausländer wie seine Eltern vor ihm – obwohl er mit Haferbrei und dem kurzen Katechismus aufgewachsen ist, wie man so sagt. Ich spüre das irgendwie – immer dann, wenn ich ihn in der Kirche im Chor sehe."

„Oh, ich habe keine Angst vor Neil", sagte Eric unbekümmert. „Er kann nichts dafür, daß er Kilmeny liebt – man muß sie einfach lieben."

„Ich nehme an, daß jeder junge Mann so über sein Mädchen denkt – wenn es der richtige junge Mann ist", sagte Mrs. Williamson mit einem kleinen Seufzer.

Sie sah Eric besorgt nach.

Ich hoffe, daß alles gut ausgeht, dachte sie. Ich hoffe, daß er keinen schrecklichen Fehler macht – aber ich fürchte es. Kilmeny muß sehr schön sein, wenn sie ihm so den Kopf verdreht hat. Nun, ich nehme an, es hat keinen Sinn, daß ich mir Sorgen mache. Aber ich wünschte, er wäre ihr nie begegnet.

11. Ein Verliebter und sein Mädchen

Kilmeny war im Obstgarten, als Eric kam, und er blieb einen Moment im Schatten des Fichtenwaldes stehen, um ihre Schönheit zu bewundern.

Im Garten blühte seit einiger Zeit Kümmel, und Kilmeny stand inmitten dieser Pracht, deren Blütenblätter im Wind um sie herumwirbelten. Sie trug das einfache Kleid aus verblichenem Blaudruck, in dem er sie zum erstenmal gesehen hatte. Ein Seidenkleid hätte ihre Schönheit nicht besser unterstreichen können. Sie hatte sich einen Kranz aus halb geöffneten weißen Rosenknospen gewunden und ihn auf ihr dunkles Haar gesetzt, und nicht einmal die Blüten waren so schön wie ihr Gesicht.

Als sie Erich sah, eilte sie ihm mit ausgestreckten Händen entgegen und lächelte. Er nahm ihre Hände und sah sie mit einem Ausdruck an, der sie im ersten Moment abschreckte. Sie sah zu Boden, und ihr stieg die Röte in die Wangen. Sein Herz machte einen Satz, denn dieses Erröten sagte ihm viel.

„Freust du dich, mich zu sehen, Kilmeny?“ fragte er bedeutungsvoll.

Sie nickte und schrieb etwas verlegen: „Ja. Warum fragst du? Du weißt doch, daß ich mich immer freue, dich zu sehen. Gestern abend war ich traurig, weil du nicht da warst. Ich fand den Obstgarten plötzlich gar nicht mehr schön und konnte nicht einmal spielen – ich habe es versucht, aber meine Geige hat nur geweint. Ich habe gewartet, bis es dunkel war, und dann bin ich nach Hause gegangen."

„Es tut mir leid, daß du enttäuscht warst, Kilmeny. Ich konnte gestern abend nicht kommen. Eines Tages werde ich dir erzählen, warum. Ich bin zu Hause geblieben, um eine neue Lektion zu lernen. Es tut mir leid, daß du mich vermißt hast – nein, ich bin froh! Verstehst du, daß man über eine Sache zugleich froh und traurig sein kann?"

Sie nickte wieder, und ihre Fröhlichkeit kam zurück.

„Ja – früher hätte ich es nicht verstanden, aber jetzt schon. Hast du deine neue Lektion gelernt?"

„Ja, sehr gründlich! Es war eine schöne Lektion, nachdem ich sie einmal verstanden hatte. Ich erkläre es dir eines Tages. Komm mit zu der alten Bank, Kilmeny. Ich möchte dir etwas sagen. Aber willst du mir erst eine Rose geben?"

Sie lief zum Busch, wählte nach gründlicher Überlegung eine halboffene Knospe und brachte sie ihm – eine weiße Knospe mit einem Hauch Gold.

„Danke. Sie ist so schön wie – wie eine Frau, die ich kenne", sagte Eric.

Plötzlich sah sie traurig aus und ging mit gesenktem Kopf durch den Obstgarten zur Bank.

„Kilmeny", sagte er ernst, „ich möchte, daß du etwas für mich tust. Nimm mich bitte mit zu dir nach Hause und stelle mich deinem Onkel und deiner Tante vor."

Sie hob den Kopf und starrte ihn ungläubig an, als habe er ihr eine Wahnsinnstat vorgeschlagen. Als sie an seinem Gesicht sah, daß er es ernst meinte, machte sie ein bekümmertes Gesicht. Sie schüttelte heftig den Kopf und schien einen verzweifelten, instinktiven Versuch zu machen zu sprechen. Dann nahm sie ihren Griffel und schrieb mit fieberhafter Hast:

„Das kann ich nicht tun. Bitte mich nicht darum. Du verstehst es nicht. Sie wären sehr zornig. Sie wollen nicht, daß jemand zu uns nach Hause kommt. Und sie würden mich nie mehr hier herkommen lassen. Oh, du meinst es doch nicht ernst?“

Der Kummer und die Verwirrung in ihren Augen weckten sein Mitleid, aber er nahm ihre schmalen Hände in seine und sagte fest: „Doch, Kilmeny, ich meine es ernst. Es ist nicht richtig, daß wir uns hier so treffen, ohne daß deine Freunde Bescheid wissen. Du verstehst es nicht, aber – glaube mir – es ist so.“

Sie sah ihn fragend und bekümmert zugleich an. Was sie in seinen Augen las, schien sie zu überzeugen, denn sie wurde sehr blaß, und ein Ausdruck von Hoffnungslosigkeit erschien auf ihrem Gesicht. Sie entzog ihm ihre Hände und schrieb langsam: „Wenn du sagst, es sei falsch, glaube ich es. Ich wußte nicht, daß etwas so Schönes falsch sein kann, aber wenn es so ist, dann dürfen wir uns nicht mehr hier treffen. Mutter hat mir gesagt, daß ich nie etwas Falsches tun dürfe. Aber ich wußte nicht, daß es falsch war.“

„Es war nicht falsch von dir, Kilmeny. Aber es war falsch von mir – jedenfalls ein bißchen –, denn ich weiß es besser oder richtiger, ich hätte es besser wissen müssen. Ich habe nicht daran gedacht, wie Kinder zu sagen pflegen. Eines Tages wirst du es ganz verstehen. Nun, bring mich zu deinem Onkel und deiner Tante, und wenn ich ihnen alles erklärt habe, können wir uns ohne schlechtes Gewissen hier oder anderswo treffen.“

Sie schüttelte den Kopf.

„Nein“, schrieb sie, „Onkel Thomas und Tante Janet werden dir sagen, daß du verschwinden und nie wiederkommen sollst. Und sie werden mich nie wieder herkommen lassen. Wenn es nicht richtig ist, daß wir uns treffen, werde ich nicht mehr kommen, aber es hat keinen Sinn, mit ihnen zu reden. Ich habe ihnen nichts von dir erzählt, weil ich wußte, daß sie es mir verbieten würden, dich zu sehen.“

„Du mußt mich mit ihnen reden lassen“, beharrte Eric. „Ich bin sicher, daß nichts von dem passieren wird, was du befürchtest, wenn sie mich erst angehört haben.“

Ungetröstet schrieb sie: „Ich muß es tun, wenn du darauf bestehst, aber es wird nichts nützen. Heute abend geht es nicht, weil sie nicht zu Hause sind. Sie sind nach Radnor gefahren. Aber morgen abend nehme ich dich mit, und danach sehen wir uns nie wieder.“

Zwei große Tränen perlten in ihren großen blauen Augen und fielen auf ihre Tafel. Ihre Lippen zitterten wie die eines Kindes, das sich wehgetan hat. Eric zog sie impulsiv an sich und legte ihren Kopf an seine Schulter. Sie weinte, und er drückte seine Lippen auf ihre weichen schwarzen Haare. Er sah nicht die brennenden Augen, die ihn über den alten Zaun hinweg anstarrten und vor Haß und Besessenheit glühten. Neil Gordon kauerte dort und beobachtete sie mit geballten Fäusten und angehaltenem Atem.

„Kilmeny, Liebes, weine nicht“, sagte Eric zärtlich. „Du wirst mich wiedersehen. Das verspreche ich dir, was auch passiert. Ich glaube nicht, daß dein Onkel und deine Tante so herzlos sind, aber wenn doch, lasse ich mich trotzdem nicht daran hindern, dich irgendwie zu treffen.“

Kilmeny hob den Kopf und wischte sich die Tränen aus den Augen.

„Du weißt nicht, wie sie sind“, schrieb sie. „Sie werden mich in meinem Zimmer einsperren. So haben sie mich immer bestraft, als ich klein war. Und einmal – als ich schon groß war – haben sie es wieder getan. Es ist noch gar nicht so lange her.“

„Wenn sie das tun, werde ich trotzdem irgendwie zu dir gelangen“, sagte Eric und lachte ein wenig.

Sie versuchte zu lächeln, aber es wurde nichts Rechtes daraus. Sie weinte nicht mehr, aber ihre Fröhlichkeit kehrte nicht zurück. Eric hatte viel zu erzählen, aber sie saß teilnahmslos und geistesabwesend da, als würde sie ihn kaum hören. Als er sie bat, Geige zu spielen, schüttelte sie den Kopf.

„Ich kann heute abend nicht an Musik denken", schrien sie. „Ich muß nach Hause, ich habe Kopfschmerzen und fühle mich nicht gut."

„Wie du möchtest, Kilmeny. Nun, mach dir keine Sorgen, Kleines. Alles wird gut."

Offenbar teilte sie seine Zuversicht nicht, denn sie ließ den Kopf hängen, als sie zusammen durch den Obstgarten gingen. An der Allee aus wilden Kirschbäumen blieb sie stehen und sah ihn beinahe vorwurfsvoll an. Ihre Augen füllten sich wieder mit Tränen, und sie schien ihm stumm auf Wiedersehen zu sagen. Eric vergaß sich – er legte den Arm um sie und küßte sie auf den Mund. Sie riß sich mit einem leisen Aufschrei los. Eine heiße Röte schoß ihr ins Gesicht, und im nächsten Augenblick war sie in der anbrechenden Dunkelheit verschwunden.

Die Süße dieses geraubten Kusses haftete an Erics Lippen, als er nach Hause ging, und berauschte ihn beinahe. Er wußte, daß dieser Kuß für Kilmeny das Tor zum Frausein geöffnet hatte. Sie würde ihn nie wieder mit der alten Unbefangenheit ansehen. Wenn er sie das nächstemal anschaute, würde er ihr ansehen, daß sie sich an den Kuß erinnerte. Kilmeny hatte ihre Kindheit hinter sich gelassen.

12. Ein Gefangener der Liebe

Als Eric am nächsten Abend den Obstgarten betrat, mußte er sich eingestehen, daß er nervös war. Er wußte nicht, wie die Gordons ihn empfangen würden, und was er über sie gehört hatte, war gelinde gesagt nicht ermutigend. Sogar Mrs. Williamson hatte ihn angesehen, als wolle er sich in die Höhle eines Löwen wagen.

„Ich hoffe, sie werden nicht allzu unhöflich zu Ihnen sein, Master“, war alles, was ihr einfiel.

Er erwartete, daß Kilmeny vor ihm dasein würde, weil er spät dran war, aber sie war nirgendwo zu sehen. Er ging zur Kirschbaumallee und blieb plötzlich erschrocken stehen.

Neil Gordon war hinter einem Baum hervorgekommen und stand vor ihm, mit blitzenden Augen und Lippen, die vor Aufregung so zuckten, daß er kaum sprechen konnte.

In jähem Schrecken begriff Eric, was passiert war. Neil hatte herausbekommen, daß er sich mit Kilmeny im Obstgarten traf, und die Geschichte zweifellos Janet und Thomas Gordon erzählt. Ihm war klar, wie unglücklich es war, daß sie es erfahren hatten, bevor er es ihnen selbst sagen konnte. Es würde sie wahrscheinlich noch mehr gegen ihn einnehmen. Als er in seinen Gedanken so weit gekommen, brach sich Neils angestaute Wut plötzlich in einem zornigen Wortschwall Bahn.

„Sie sind also wieder hier, um sich mit ihr zu treffen. Aber sie ist nicht da – Sie werden sie nie wiedersehen! Ich hasse Sie – ich hasse Sie – ich hasse Sie!“

Seine Stimme war ein schrilles Kreischen. Er trat drohend auf Eric zu, als wolle er auf ihn losgehen. Eric blieb gelassen stehen und sah ihn ruhig an, bevor sein Zorn wie die schäumende Flut gegen einen Felsen brandete.

„Du hast also Kilmeny Ärger gemacht, Neil, nicht wahr?“ sagte Eric verächtlich. „Ich nehme an, du hast uns nachspioniert. Und ich glaube, du hast ihrem Onkel und ihrer Tante erzählt, daß sie sich hier mit mir trifft. Nun gut, du hast es mir abgenommen, es ihnen selber zu sagen, weiter nichts. Das wollte ich sowieso heute abend tun. Warum tust du das hier? Bist du eifersüchtig auf mich? Oder willst du Kilmeny wehtun?“

Seine Verachtung ernüchterte Neil mehr, als irgendein Zeichen von Ärger es getan hätte.

„Es geht Sie nichts an, warum ich es getan habe“, murmelte er beleidigt. „Was ich tue, braucht Sie nicht zu kümmern. Und Sie haben kein Recht, hier herumzuschleichen. Kilmeny wird Sie nicht mehr hier treffen.“

„Dann treffen wir uns eben bei ihr zu Hause“, sagte Eric ungerührt. „Neil, mit diesem Benehmen zeigst du dich nur als dummer, ungezogener Junge. Ich gehe jetzt sofort zu Kilmenys Onkel und Tante und erkläre ihnen alles.“

Neil sprang ihm mit einem Satz in den Weg.

„Nein – nein – gehen Sie“, bat er flehentlich. „Oh, Sir – oh, Mr. Marshall, bitte gehen Sie. Ich tue alles, was Sie wollen. Ich liebe Kilmeny. Ich habe sie immer geliebt. Ich würde mein Leben für sie opfern. Sie dürfen sie mir nicht wegnehmen. Wenn Sie das tun, dann – bringe ich Sie um! Ich wollte Sie gestern abend umbringen, als ich gesehen habe, daß Sie sie geküßt haben. O ja, ich habe Sie gesehen. Ich habe Sie beobachtet –

spioniert, wenn Sie wollen. Mir ist egal, wie Sie es nennen. Ich war ihr gefolgt – ich habe etwas geahnt. Sie war so anders als sonst. Sie wollte die Blumen nicht mehr tragen, die ich für sie gepflückt hatte. Sie schien zu vergessen, daß es mich gab. Ich wußte, daß etwas zwischen uns stand – und das waren Sie. Zum Teufel mit Ihnen! Oh, Sie werden es bereuen!"

Er steigerte sich immer mehr in seine Wut hinein – die ungezügelte Raserei des italienischen Bauern, dem ein Herzenswunsch versagt wird, ließ ihn alle anerzogene Zurückhaltung vergessen. Eric empfand trotz allem Ärger einen Hauch von Mitleid mit ihm. Neil Gordon war noch ein Junge, unglücklich und außer sich.

„Neil, hör zu", sagte er ruhig. „Du redest Unsinn. Du hast nicht zu bestimmen, wer Kilmenys Freund sein darf und wer nicht. Nimm dich zusammen, geh nach Hause und sei vernünftig. Ich lasse mich von deinen Drohungen nicht einschüchtern, und ich weiß schon, wie ich mit dir umgehe, wenn du mich und Kilmeny nicht in Ruhe läßt. Ich nehme so etwas nicht einfach hin, mein Junge."

Der zurückgehaltene Zorn in seinem Ton und seinem Blick verunsicherten Neil. Der Junge wandte sich mit einem weiteren gemurmelten Fluch mürrisch ab und verschwand in den Schatten der Fichten.

Eric, der nach dieser unerwarteten und unangenehmen Begegnung keineswegs so gelassen war, wie es der äußere Anschein vermuten ließ, setzte seinen Weg auf der Landstraße fort, die sich durch die Wälder zum Haus der Gordons wand. Er bekam Herzklopfen beim Gedanken an Kilmeny. Was mochte sie durchmachen? Zweifellos hatte Neil einen übertriebenen, verzerrten Bericht von dem erstattet, was er gesehen hatte, und wahrscheinlich waren ihre griesgrämigen Verwandten sehr ärgerlich auf das arme Kind. Eric wollte ihren Zorn so schnell wie möglich beschwichtigen. Er beeilte sich und vergaß beinahe seine Begegnung mit Neil. Die Drohungen des letzteren beunruhigten ihn überhaupt nicht. Der Wutausbruch eines eifersüchtigen Jungen schien ihm nicht allzu wichtig. Wichtig war, daß Kilmeny in Not war und daß seine Gedankenlosigkeit dazu geführt hatte.

Er hatte das Haus der Gordons erreicht. Es war ein altes Gebäude mit steil abfallendem Dach und Mansardenfenstern, die Dachpfannen dunkelgrau von Wind und Wetter. Die Fenster des Erdgeschosses hatten verblichene grüne Läden. Hinter dem Haus stand ein dichter Fichtenwald. Auf dem kleinen Rasen vor dem Haus wuchsen keine Blumen, aber die niedrige Haustür war überwuchert von Kletterrosen, deren rote Blüten einen seltsamen Kontrast zu der kahlen Umgebung bildeten. Sie schienen sich an das grimmige alte Haus zu klammern, um ihm Leben und Freude einzuflößen.

Eric klopfte an die Tür und fragte sich, ob vielleicht Kilmeny öffnen würde. Aber einen Augenblick später öffnete eine ältere Frau – eine Frau, an der alles geradlinig wirkte, von dem Saum ihres langen, dunklen Kleides bis zum Ansatz des schwarzen Haares, das trotz ein paar grauer Strähnen immer noch dicht und schön war. Sie hatte ein langes, blasses Gesicht, das etwas müde und faltig aussah, aber eine gewisse herbe Schönheit aufwies, der weder Alter noch Falten etwas anhaben konnten, und aus ihren tiefliegenden hellgrauen Augen sprach Güte, obwohl sie Eric jetzt mit unverhohlener Feindseligkeit anblickte. Ihre Figur wirkte in dem unbarmherzigen Kleid sehr eckig, aber sie hatte eine Ausstrahlung von Würde und Eleganz, die Eric gefiel. Ohnehin war ihm ihre sauertöpfische Art lieber als vulgäre Geschwätzigkeit.

Er zog den Hut.

„Habe ich die Ehre mit Miss Gordon?“ fragte er.

„Ich bin Janet Gordon“, sagte die Frau steif.

„Dann möchte ich mit Ihnen und Ihrem Bruder sprechen.“

„Kommen Sie herein.“

Sie trat beiseite und führte ihn zu einer niedrigen braunen Tür auf der rechten Seite.

Eric betrat das Wohnzimmer und setzte sich wie aufgefordert. Es war der altmodischste Raum, den er je gesehen hatte. Die soliden Tische und Stühle, deren Holz zum Teil vom Alter dunkel geworden war, ließen ihm sogar Mrs. Williamsons Roßhaarbezüge ungeheuer modern erscheinen. Der gestrichene Boden war bedeckt mit runden gestrickten Teppichen. Auf dem Tisch in der Mitte befanden sich eine Lampe, eine Bibel und einige theologische Bücher, die aus der gleichen Zeit wie die quadratischen Möbel stammten. An den Wänden, die bis zu halber Höhe mit Holz vertäfelt und darüber mit dunklen Tapeten mit Karomuster verkleidet waren, hingen verblichene Kupferstiche, die meistens kirchlich aussehende Personen mit Perücke in langen Gewändern und Spitzenkragen zeigten.

Aber über dem hohen, schmucklosen schwarzen Kaminsims, auf das das rötliche Licht des Sonnenuntergangs fiel, hing ein Bild, das Erics Aufmerksamkeit so fesselte, daß er für nichts anderes mehr Augen hatte. Es war die vergrößerte Daguerreotypie eines jungen Mädchens, und trotz der schlechten Qualität war es der Blickfang des Zimmers.

Eric erriet sofort, daß dieses Bild Margaret Gordon zeigte, denn obwohl ihr Gesicht ganz anders aussah als das empfindsame, beseelte von Kilmeny, bestand eine subtile, unverkennbare Ähnlichkeit der Augenpartie und des Kinns.

Das Gesicht auf dem Foto war wunderschön, mit samtschwarzen Augen und lebhaften Farben, aber Eric faszinierte vor allem der Ausdruck. Noch nie hatte er ein Gesicht sehen, das soviel Eigensinn und Willenskraft verriet. Margaret Gordon war tot und begraben, das Bild war eine billige und stümperhafte Aufnahme in einem unmöglichen vergoldeten Rahmen aus Plüsch, aber die Lebendigkeit des Gesichts erfüllte immer noch den Raum. Was für eine Ausstrahlung mußte eine solche Persönlichkeit dann erst im wirklichen Leben gehabt haben?

Eric wurde bewußt, daß diese Frau alles getan hatte, was sie wollte, ohne zu zögern oder nachzugeben. Sie konnte allen ihren Willen aufzwingen, sosehr sie sich auch sträubten. Vieles von Kilmenys Erziehung und ihrer Art wurde Eric klar.

Wenn diese Frau mir gesagt hätte, ich sei häßlich, hätte ich ihr geglaubt, dachte er. Sogar, wenn mir ein Spiegel das Gegenteil bewiesen hätte. Ich hätte nicht im Traum daran gedacht, irgend etwas, das sie sagt, in Frage zu stellen. Diese seltsame Macht in ihrem Gesicht ist beinahe unheimlich, auch wenn es ein junges und schönes Gesicht ist. Es verrät vor allem Stolz und Eigensinn. Nun, Kilmeny hat einen ganz anderen Gesichtsausdruck als ihre Mutter – und ähnelt ihr auch sonst nur sehr wenig."

Seine Betrachtungen wurden unterbrochen, als Thomas und Janet Gordon das Zimmer betraten. Ersterer kam offenbar von seiner Arbeit. Er nickte wortlos, und die beiden setzten sich mit ernsten Mienen Eric gegenüber.

„Ich komme wegen Ihrer Nichte, Mr. Gordon", sagte Eric ohne Einleitung, denn ihm war klar, daß es keinen Sinn hatte, bei diesem grimmigen Paar um den heißen Brei herumzureden. „Ich habe Ihren – ich habe Neil Gordon in Connors Obstgarten getroffen, und wie ich hörte, hat er Ihnen erzählt, daß ich mich dort mit Kilmeny getroffen habe."

Er machte eine Pause. Thomas Gordon nickte wieder, sagte aber nichts und sah den errötenden jungen

Mann unverwandt mit durchdringendem Blick an. Janet saß reglos da und wartete ab.

„Ich fürchte, daß Sie deshalb einen ungünstigen Eindruck von mir haben, Mr. Gordon“, fuhr Eric fort. „Aber ich glaube nicht, daß ich das verdient habe. Ich kann die Sache erklären, wenn Sie gestatten. Ich bin Ihrer Nichte zufällig begegnet, als ich sie Geige spielen hörte. Ich fand ihre Musik wunderschön, und so wurde es mir zur Gewohnheit, abends in den Obstgarten zu gehen und ihr zuzuhören. Ich hatte nicht vor, ihr etwas anzutun, Mr. Gordon. Ich habe in ihr ein Kind gesehen – ein Kind, das durch sein Gebrechen um so mehr gesegnet ist. Aber in letzter Zeit ist – ist mir klargeworden, daß es nicht ehrenhaft von mir war, sie zu solchen Treffen zu ermutigen. Gestern abend habe ich sie gebeten, mich Ihnen und ihrer Tante vorzustellen. Wir wären gemeinsam hergekommen, wenn Sie zu Hause gewesen wären. Da Sie nicht hier waren, haben wir vereinbart, heute abend zu kommen. Ich hoffe, Sie werden mir nicht verbieten, Ihre Nichte weiterhin zu sehen, Mr. Gordon“, sagte Eric eifrig. „Ich bitte Sie um die Erlaubnis, sie hier zu besuchen. Aber ich erwarte nicht, daß Sie sich mit meiner eigenen Empfehlung zufriedengeben, wenn Sie mich als Freund empfangen wollen. Ich kann Ihnen Referenzen geben – die angesehener Männer in Charlottetown und Queenslea. Wenn Sie sich bei ihnen erkundigen –“

„Das brauche ich nicht“, sagte Thomas Gordon ruhig. „Ich weiß mehr über Sie, als Sie glauben, Master. Ich habe viel über Ihren Vater gehört und ihn gesehen. Ich weiß, daß Sie der Sohn eines reichen Mannes sind, warum auch immer Sie sich in den Kopf gesetzt haben, an einer Dorfschule zu unterrichten. Da Sie nichts über sich erzählt haben, dachte ich mir, daß Sie nicht wollten, daß Ihre wahre Herkunft allgemein bekannt wird, und deshalb habe ich den Mund gehalten. Ich weiß nichts Nachteiliges über Sie, Master, und ich denke auch nicht schlecht von Ihnen, denn ich glaube nicht, daß Sie Kilmeny in böser Absicht dazu verleitet haben, sich ohne unser Wissen mit Ihnen zu treffen. Aber das heißt nicht, daß Sie ein passender Freund für Sie sind, Sir – es macht Sie erst recht unpassend. Je weniger sie von Ihnen sieht, desto besser."

Eric wäre am liebsten aufgesprungen und hätte seiner Empörung Luft gemacht, aber er erinnerte sich sofort daran, daß seine einzige Hoffnung, Kilmeny für sich zu gewinnen, darin lag, Thomas Gordon umzustimmen. Es war bisher besser gegangen, als er erwartet hatte, er durfte das Erreichte nicht aufs Spiel setzen, indem er aufbrauste oder ungeduldig wurde.

„Warum denken Sie das, Mr. Gordon?" fragte er und beherrschte sich mühsam.

„Nun, ich rede am besten offen mit Ihnen, Master. Wenn Sie oft herkommen und Kilmeny sehen, werden Sie wahrscheinlich zu wichtig für sie werden. Ich fürchte, daß in dieser Richtung schon Schaden angerichtet wurde. Und wenn Sie dann gehen, wird es ihr das Herz brechen – denn sie gehört zu den Menschen, denen alles sehr nahegeht. Sie war auf ihre Art glücklich. Ich weiß, daß die Leute uns dafür verurteilen, wie wir sie großgezogen haben, aber die wissen auch nicht alles. Es war das Beste für sie, in Anbetracht der Umstände. Und wir wollen nicht, daß sie unglücklich wird, Master."

„Aber ich liebe Ihre Nichte und möchte sie heiraten, wenn ich ihre Liebe gewinnen kann", sagte Eric fest.

Das brachte die beiden endlich aus der Fassung. Sie fuhren zusammen und starrten ihn an, als trauten sie ihren Ohren nicht.

„Sie heiraten! Kilmeny heiraten!" rief Thomas Gordon ungläubig. „Das können Sie nicht ernst meinen, Sir. Sie ist doch stumm – Kilmeny ist stumm."

„Das ändert nichts an meiner Liebe zu ihr, obwohl es mir ihretwegen leidtut“, antwortete Eric. „Ich kann mich nur wiederholen, Mr. Gordon. Ich will Kilmeny zur Frau.“

Der ältere Mann beugte sich vor und sah bekümmert zu Boden, runzelte seine buschigen Brauen und klopfte ihre schwieligen Fingerspitzen aneinander. Er war verwirrt von der unerwarteten Wendung, die das Gespräch genommen hatte, und wußte nicht, was er sagen sollte.

„Was würde Ihr Vater dazu sagen, Master?“ fragte er schließlich.

„Mein Vater hat immer gesagt, daß ein Mann die Frau heiraten soll, die er liebt“, sagte Eric lächelnd. „Und wenn er seine Meinung geändert haben sollte, würde eine Begegnung mit Kilmeny ihn sicher umstimmen. Aber entscheidend ist, was ich in dieser Sache sage, nicht wahr, Mr. Gordon? Ich bin gut erzogen und scheue keine Arbeit. Ich kann Kilmeny in wenigen Jahren ein Zuhause bieten, auch wenn ich auf mich gestellt bin. Geben Sie mir nur die Chance, sie für mich zu gewinnen – das ist alles, worum ich Sie bitte.“

„Ich glaube nicht, daß das reicht, Master“, sagte Thomas Gordon kopfschüttelnd. „Natürlich kann es sein, daß Sie – daß Sie –“, er versuchte „lieben“ zu sagen, aber seine schottische Kühle ließ ihn das schreckliche Wort nicht über die Lippen bringen, „daß Sie Kilmeny gernhaben, aber Sie sind noch jung – die Schwärmerei eines Jungen kann schnell verfliegen.“

„Meine nicht“, sagte Erich heftig. „Es ist keine Schwärmerei, Mr. Gordon. Es ist die Liebe, die man nur einmal erlebt. Ich bin noch jung, aber ich weiß, daß Kilmeny die einzige Frau für mich ist. Es kann nie eine andere geben. Oh, ich rede nicht gedankenlos daher! Ich habe mir die Sache gründlich überlegt und von allen Seiten betrachtet. Und ich komme immer wieder zu dem gleichen Ergebnis – ich liebe Kilmeny und wünsche mir das, worauf jeder anständige Mann, der eine Frau wirklich liebt, ein Recht hat – die Chance, ihre Liebe zu gewinnen."

„Nun!" Thomas Gordon atmete tief durch, und es klang beinahe wie ein Seufzen. „Vielleicht – wenn Sie es so empfinden, Master – ich weiß nicht – manchen Dingen sollte man sich nicht entgegenstellen. Vielleicht sollten wir nicht – Janet, Frau, was sagen wir ihm?"

Janet Gordon hatte bisher noch kein Wort gesagt. Sie hatte kerzengerade auf einem der alten Stühle unter Margaret Gordons eindringlichem Bild gesessen, die geschnitzten Armlehnen fest mit ihren knotigen, von harter Arbeit rauh gewordenen Händen umklammert und Eric unverwandt angesehen. Ihr Blick war zunächst reserviert und ablehnend gewesen, aber im Laufe des Gesprächs wurde er milder und zuletzt beinahe gütig. Bei den Worten ihres Bruders beugte sie sich vor und sagte eindringlich: „Wissen Sie, daß Kilmenys Geburt von einem Skandal überschattet wurde, Master?"

„Ich weiß, daß ihre Mutter das unschuldige Opfer eines bedauerlichen Fehlers war, Miss Gordon. Ich sehe keinen echten Skandal, weil nicht bewußt Unrecht begangen wurde. Und wenn es so wäre, wäre es nicht Kilmenys Schuld und würde für mich keine Rolle spielen."

Plötzlich veränderte sich Janet Gordons Miene auf wunderbare Weise. Ihr verkniffener Mund wurde weich, und eine Welle lange zurückgehaltener Zärtlichkeit ließ ihre kühlen grauen Augen aufleuchten.

„Nun, dann", sagte sie beinahe triumphierend, „wenn weder das noch ihre Stummheit für Sie ein Problem sind, dann sollten Sie Ihre Chance bekommen. Vielleicht wird Ihre Umgebung sagen, sie sei nicht gut genug für sie, aber sie ist es – sie ist es!" fügte sie halb trotzig hinzu. „Sie ist ein liebes, unschuldiges und gutherziges Mädchen. Sie ist klug und sieht nicht übel aus.

Thomas, ich finde, wir sollten den jungen Mann gewähren lassen."

Thomas Gordon stand auf, als sei er die Verantwortung los und das Gespräch beendet.

„Nun gut, Janet, Frau, wenn du meinst! Und möge Gott ihnen beiden beistehen. Guten Abend, Master. Wir sehen uns wieder, und Sie können kommen und gehen, wann immer es Ihnen paßt. Aber ich muß wieder an meine Arbeit. Ich habe meine Pferde auf dem Acker stehengelassen."

„Ich gehe nach oben und hole Kilmeny", sagte Janet ruhig.

Sie zündete die Lampe auf dem Tisch an und verließ das Zimmer. Ein paar Minuten später kam Kilmeny nach unten. Eric stand auf und trat erfreut auf sie zu, aber sie reichte ihm nur höflich die Hand und sah ihm ins Gesicht, aber nicht in die Augen.

„Ich hatte also recht, Kilmeny", sagte er lächelnd. „Dein Onkel und deine Tante haben mich nicht weggejagt. Im Gegenteil, sie waren sehr freundlich zu mir und sagen, daß ich dich jederzeit sehen darf."

Sie lächelte und ging zum Tisch, um etwas auf ihre Schiefertafel zu schreiben.

„Aber gestern abend waren sie sehr zornig und haben schreckliche Sachen zu mir gesagt. Ich hatte große Angst und war sehr unglücklich. Sie schienen zu finden, daß ich ein furchtbares Unrecht begangen hatte. Onkel Thomas sagte, er würde mich nie mehr aus den Augen lassen. Ich konnte es kaum glauben, als Tante Janet nach oben kam und sagte, du seist hier und ich solle hinuntergehen. Sie hat mich sehr seltsam angesehen, aber sie sah nicht mehr böse aus. Sie wirkte zufrieden und traurig zugleich. Aber ich bin froh, daß sie uns verziehen haben."

Sie sagte ihm nicht, *wie* froh sie war, und wie unglücklich sie bei der Vorstellung gewesen war, ihn nie wiederzusehen. Gestern hätte sie ihm noch alles unbefangen erzählt, aber gestern lag für sie eine Ewigkeit zurück – eine Ewigkeit, in der sie ihr Erbe weiblicher Würde und Zurückhaltung angetreten hatte. Der Kuß, den Eric ihr gegeben hatte, die Worte, die ihr Onkel und ihre Tante zu ihr gesagt hatten, die Tränen, die sie in einer schlaflosen Nacht in ihr Kissen geweint hatte – alles hatte sich verschworen und ließ sie sich selbst erkennen. Sie ahnte noch nicht, daß sie Eric Marshall liebte und daß er sie liebte. Aber sie war nicht mehr das Kind und die gute Kameradin. Sie war, wenn auch unbewußt, eine Frau, die ein Anrecht darauf hat, umworben und erobert zu werden.

13. Der Spiegel

Von da an war Eric Marshall ein häufiger Gast bei den Gordons. Er verstand sich bald ausgezeichnet mit Thomas und Janet, vor allem mit letzterer. Er mochte beide und entdeckte unter all ihren äußerlichen Schrullen einen guten Charakter. Thomas Gordon war erstaunlich belesen und konnte Eric jederzeit in Grund und Boden reden, wenn er einmal in Fahrt war. Eric erkannte ihn kaum wieder, als er ihn zum erstenmal so aus sich herausgehen sah. Er saß nicht mehr zusammengesunken da, sondern richtete sich auf, die trüben Augen funkelten, das Gesicht rötete sich, die Stimme dröhnte wie eine Trompete und sprudelte einen Redeschwall hervor, der Erics intelligente Argumente beiseitefegte. Eric amüsierte sich köstlich über seine eigene Niederlage, aber Thomas Gordon schämte sich für seinen Ausbruch und beschränkte sich danach eine Woche lang auf „Ja“ und „Nein“ oder, wenn sie draußen waren, auf Bemerkungen über das Wetter.

Janet sprach nie über die Kirche oder den Staat, denn solche Dinge fand sie zu hoch für eine Frau. Aber sie lauschte mit Spannung, wenn Thomas und Eric einander mit Fakten, Statistiken und Meinungen bombardierten, und wenn Eric ausnahmsweise einen Punkt machte, erlaubte sie sich ein kleines Lächeln auf Kosten ihres Bruders.

Von Neil sah Eric nur wenig. Der junge Italiener ging ihm aus dem Weg und sah mürrisch zu Boden, wenn sie sich doch einmal begegneten. Eric machte sich keine Sorgen wegen Neil, aber Thomas Gordon, der wußte, warum Neil Kilmenys Geheimnis verraten hatte, sagte Kilmeny unumwunden, daß sie mit Neil nicht mehr so vertraulich umgehen dürfe wie bisher.

„Du warst zu gut zu dem Jungen, Mädchen, und das ist ihm zu Kopf gestiegen. Er muß lernen, wo sein Platz ist. Ich fürchte, wir haben ihn zu sehr verwöhnt."

Aber die schönsten Stunden von Erics Brautwerbung verbrachten sie in dem alten Obstgarten, der jetzt ein Dschungel aus Rosen war – rot wie der Sonnenuntergang, rosa wie die Morgenröte, weiß wie der Schnee auf Berggipfeln, aufgeblühte Rosen und Knospen. Nur Kilmenys Gesicht war noch schöner. Die Blütenblätter fielen seidenweich auf die alten Pfade und in das üppige Gras, in dem Eric lag und träumte, wenn Kilmeny auf ihrer Geige spielte.

Eric schwor sich, daß Kilmeny, wenn sie erst seine Frau war, ihre wunderbare Gabe für Musik so weit entwickeln sollte, wie es nur ging. Ihr Ausdruck schien sich jeden Tag zu vertiefen und zu entwickeln, er wuchs mit ihrer Seele und schöpfte Kraft aus ihrem reifenden Herzen.

Für Eric waren diese Tage ein Paradies. Er hatte sich nie träumen lassen, daß Liebe so überwältigend und die Welt so schön war. Er lebte nur noch für die Eroberung seiner Geliebten. Alle anderen Pläne verblaßten neben diesem einen Ziel, dessen Erreichen alle anderen tausendfach in den Schatten stellen würde und dessen Verfehlen durch nichts wettgemacht werden konnte. Seine eigene Welt war in weite Ferne gerückt und nahezu vergessen.

Sein Vater hatte ihm bei der Nachricht, daß er ein Jahr in Lindsay bleiben wolle, einen unwirschen Brief geschrieben und fragte entgeistert, ob er den Verstand verloren habe.

„Oder ist ein Mädchen im Spiel?" schrieb er. „So muß es sein, wenn es Dich ein Jahr an einem Ort wie Lindsay hält! Sei vorsichtig, Master Eric. Du warst immer viel zu vernünftig. Ein Mann muß sich mindestens einmal im Leben zum Narren machen, und da Du es nicht als Jugendlicher hinter Dich gebracht hast, könnte es Dir jetzt passieren."

Auch David schrieb ihm und machte ihm noch heftigere Vorwürfe, aber er schrieb nichts über den Verdacht, von dem Erich wußte, daß er ihn hegte.

„Guter alter David! Er ist außer sich vor Sorge, daß ich etwas tue, das er nicht richtig findet, aber er sagt nichts, weil er nicht aufdringlich sein will."

In Lindsay konnte es kein Geheimnis bleiben, daß „der Master" Kilmeny Gordon den Hof machte. Mrs. Williamson mischte sich nicht ein, die Gordons sagten nichts, aber das Geheimnis sickerte durch. Die Überraschung war groß, alle wunderten sich, und es gab viel Gerede. Ein oder zwei unvorsichtige Zeitgenossen gingen so weit, dem Master direkt ihre Meinung zu sagen, aber sie versuchten es kein zweites Mal. Alle platzten vor Neugier. Hundert Geschichten über Kilmeny machten die Runde und wurden immer mehr übertrieben. Kluge Leute schüttelten den Kopf, und die meisten fanden, daß es ein Jammer sei. Der Master war ein sympathischer junger Mann, er hätte jede haben können, und es war eine Schande, daß seine Wahl ausgerechnet auf die sonderbare, stumme Nichte der Gordons gefallen war, die auf so heidnische Weise erzogen worden war. Aber man wußte ja nie, was einem Mann in den Sinn kam, wenn er auf Brautschau war. Die Leute ahnten, daß es Neil Gordon nicht recht war. Er wirkte in letzter Zeit sehr schlecht gelaunt und sang nicht mehr im Chor. So summte das Gerede wie in einem Bienenstock.

Die beiden im alten Obstgarten kümmerte es kein bißchen. Kilmeny wußte nichts über Klatsch. Lindsay war für sie eine ebenso unbekannte Welt wie Erics Heimatstadt. Ihre Gedanken schweiften weit durch das Reich ihrer Phantasie, aber nie bis zu den kleinen Dingen der Wirklichkeit, die zu ihrem seltsamen Leben gehörten. In diesem Leben war sie aufgeblüht, wunderschön und einzigartig. Manchmal tat es Eric beinahe leid, daß er sie eines Tages aus ihrer Abgeschiedenheit herausholen und in eine Welt einführen mußte, die eigentlich nur ein größeres Lindsay war und in der die gleiche Engstirnigkeit und Kleinlichkeit herrschten. Er hätte sie am liebsten für immer für sich allein gehabt, in dem alten Obstgarten hinter den Fichten, in dem die Rosenblätter fielen.

Eines Tages erfüllte er sich den Wunsch, der wachgeworden war, als Kilmeny ihm erzählt hatte, daß sie sich häßlich fand. Er ging zu Janet und bat sie um die Erlaubnis, einen Spiegel im Haus aufzuhängen, damit er der erste sein durfte, der Kilmeny das Geheimnis ihrer Schönheit enthüllte. Janet hatte anfangs Zweifel.

„Wir haben seit sechzehn Jahren keinen mehr, Master. Wir hatten immer nur drei – einen im Gästezimmer, einen kleinen in der Küche und Margarets eigenen. Sie hat sie alle zertrümmert – an dem Tag, als ihr bewußt wurde, daß Kilmeny schön werden würde. Ich hätte einen beschaffen können, nachdem sie gestorben war, aber ich habe nicht daran gedacht, und Mädchen brauchen auch nicht dauernd in den Spiegel zu schauen."

Aber Eric setzte seine ganze Überredungskunst ein, und schließlich sagte Janet: „Nun, nun, machen Sie, was Sie wollen, mein Junge. Das tun Sie sowieso, denke ich. Sie gehören zu den Männern, die immer ihren Willen bekommen. Aber das ist etwas anderes als bei den Männern, die ihren Willen immer *durchsetzen* – und das ist ein Segen", fügte sie leise hinzu.

Am nächsten Samstag ging Eric in die Stadt und suchte einen Spiegel aus, der ihm gefiel. Er ließ ihn nach Radnor schicken, und Thomas Gordon brachte ihn nach Hause, ohne zu ahnen, worum es sich handelte, denn Janet fand es besser, wenn er nichts davon wußte.

„Es ist ein Geschenk des Masters für Kilmeny“, sagte sie ihm.

Sie schickte Kilmeny nach dem Tee in den Obstgarten, und Eric stahl sich durch den Hintereingang ins Haus. Er und Janet packten den Spiegel aus und hängten ihn im Wohnzimmer auf.

„Ich habe noch nie so einen großen Spiegel gesehen, Master“, sagte Janet skeptisch, als mißtraue sie dem funkelnden Glas und dem reich verzierten Rahmen. „Ich hoffe, daß es sie nicht eitel macht. Sie ist sehr hübsch, aber vielleicht tut es ihr nicht gut, es zu wissen.“

„Es wird ihr nicht schaden“, sagte Eric zuversichtlich. „Wenn der Glaube an ihre Häßlichkeit ihr nicht geschadet hat, wird der Glaube an ihre Schönheit es auch nicht tun.“

Aber Janet verstand keine Epigramme. Sie wischte sorgfältig etwas Staub von der blanken Oberfläche und betrachtete stirnrunzelnd ihr eigenes, keineswegs schönes Spiegelbild.

„Ich weiß nicht, wie Kilmeny auf die Idee gekommen ist, sie sei häßlich, Master.“

„Ihre Mutter hat es ihr gesagt“, sagte Eric. Es klang bitter.

„Ah!“ Janet warf einen raschen Blick auf das Bild ihrer Schwester. „Das war es also? Margaret war eine seltsame Frau, Master. Wahrscheinlich dachte sie, daß ihre eigene Schönheit ihr Unglück gebracht habe. Sie *war* sehr hübsch. Das Bild wird ihr nicht gerecht, ich mochte es nie. Es wurde gemacht, bevor sie – bevor sie Ronald Fraser kennengelernt hatte. Damals fand niemand, daß sie auf dem Bild gut getroffen war, aber drei Jahre später – o ja, da sah sie genauso aus! Da hatte sie genau diesen Gesichtsausdruck.“

„Kilmeny sieht ihrer Mutter gar nicht ähnlich“, bemerkte Eric und betrachtete das Bild mit der gleichen Mischung aus Faszination und Widerwillen wie immer. „Sieht sie ihrem Vater ähnlich?“

„Nein, nicht sehr, obwohl sie sich manchmal genau wie er verhält. Sie sieht aus wie ihre Großmutter – Margarets Mutter, Master. Sie hieß auch Kilmeny und war eine schöne, liebenswerte Frau. Ich hatte meine Stiefmutter sehr gern, Master. Als sie starb, gab sie mir das Baby und bat mich, der Kleinen eine Mutter zu sein. Ach ja, ich habe es versucht, aber ich konnte Margaret nicht vor dem Unglück beschützen, und manchmal denke ich, daß ich Kilmeny ebensowenig beschützen kann.“

„Das wird meine Aufgabe sein“, sagte Eric.

„Sie werden zweifellos Ihr Bestes tun. Aber vielleicht wird sie gerade Ihretwegen eines Tages unglücklich sein.“

„Nicht durch mein Zutun, Tante Janet!“

„Nein, ich sage nicht, daß es Ihre Schuld sein wird. Aber manchmal habe ich ein ungutes Gefühl. Oh, ich bin nur eine alberne alte Frau, Master. Machen Sie, was Sie wollen – holen Sie Ihr Mädchen her und lassen Sie es das Spielzeug sehen, wenn Sie möchten. Ich mische mich da nicht ein.“

Janet verschwand in der Küche, und Eric ging auf die Suche nach Kilmeny. Sie war nicht im Obstgarten, und er mußte eine ganze Weile nach ihr suchen. Sie stand unter einer Buche auf einem Feld hinter dem Obstgarten und lehnte am Zaun. In den Händen hielt sie eine weiße Madonnen-Lilie aus dem Obstgarten. Sie rannte ihm nicht entgegen wie früher, sondern wartete regungslos. Halb belustigt und halb liebevoll zitierte Eric einige Zeilen aus dem Gedicht, das von ihrer Namensschwester handelte:

„Kilmeny, Kilmeny, where have you been?
Long hae we sought baith holt and den,
By linn, by ford, and greenwood tree!
Yet you are halesome and fair to see.
Where got you that joup o' the lily sheen?
That bonny snood o' the birk sae green,
And those roses, the fairest that ever was seen?
Kilmeny, Kilmeny, where have you been?

Nur daß du eine Lilie hast – und keine Rose. Ich könnte auch den nächsten Vers zitieren:

Kilmeny looked up with a lovely grace,
But there was nae smile on Kilmeny's face.

Warum siehst du so ernst aus?"

Kilmeny hatte ihre Schiefertafel nicht dabei und konnte nicht antworten, aber aus ihrem Blick schloß Eric, daß sie die schöne Heldin des Gedichts vor sich sah und sich neben ihr häßlich fühlte.

„Komm mit ins Haus, Kilmeny. Ich will dir etwas zeigen – etwas so Schönes hast du noch nie gesehen", sagte er. Eine jungenhafte Freude leuchtete in seinen Augen. „Ich möchte, daß du das Musselinkleid anziehst, das du letzten Sonntag getragen hast, und die Haare genauso hochsteckst. Nun lauf – warte nicht auf mich. Aber geh nicht ins Wohnzimmer, bevor ich komme. Ich möchte im Obstgarten ein paar von den Madonnen-Lilien pflücken."

Als Eric mit einem Strauß langstieliger weißer Madonnen-Lilien aus dem Obstgarten zurückkehrte, kam Kilmeny gerade die steile, schmale Treppe mit dem gestreiften Teppich aus selbstgewebtem Baumwollstoff hinunter. Das dunkle Holz und die Schatten in der dämmerigen alten Halle waren der perfekte Rahmen für ihre Schönheit.

Sie trug ein langes, enganliegendes Kleid aus cremefarbenem Stoff, das ihrer Mutter gehrt hatte. Es war nichts daran geändert worden, denn Mode spielte im Hause Gordon keine Rolle, und in Kilmenys Augen ließ es nichts zu wünschen übrig. Es stand ihr ausgezeichnet, der Kragen ließ den runden weißen Hals frei, und aus den langen Bischofsärmeln schauten ihre schönen schmalen Hände hervor. Sie hatte ihre langen Zöpfe hochgesteckt wie eine Krone und trug eine weiße Rose im Haar.

„A man had given all other bliss
And all his worldly wealth for this –
To waste his whole heart in one kiss
Upon her perfect lips“,

flüsterte Eric, als er sie die Treppe hinunterkommen sah. Laut sagte er: „Nimm diesen Strauß Lilien, gib mir deine Hand und mach die Augen zu. Öffne sie erst, wenn ich es sage.“

Er führte sie ins Wohnzimmer und zum Spiegel.

„Sieh nur!“ rief er.

Kilmeny öffnete die Augen, blickte in den Spiegel und sah sich selbst wie ein wunderschönes Bild in einem goldenen Rahmen. Einen Moment lang war sie entgeistert, dann begriff sie, was es bedeutete, und wurde blaß. Sie ließ die Lilien fallen und schlug die Hände vors Gesicht.

Eric zog sie weg.

„Kilmeny, glaubst du immer noch, du seist häßlich? Dieser Spiegel ist zuverlässiger als Tante Janets silberne Zuckerdose! Sieh nur – sieh nur! Hast du dir je so etwas Schönes träumen lassen wie dich selbst, Kilmeny?“

Sie errötete und sah scheu, aber strahlend in den Spiegel. Mit einem Lächeln nahm sie ihre Tafel und schrieb:

„Ich glaube, ich bin schön anzusehen. Ich kann dir nicht sagen, wie froh ich bin. Es ist so schrecklich zu glauben, man sei häßlich. An alles andere kann man sich gewöhnen, aber daran nie. Es tut jedesmal wieder weh, wenn man daran denkt. Aber warum hat Mutter mir erzählt, ich sei häßlich? Fand sie es wirklich? Vielleicht bin ich hübscher geworden, seit ich erwachsen bin?"

„Vielleicht dachte deine Mutter, daß Schönheit nicht immer ein Segen sei, Kilmeny, und fand es klüger, dich nichts davon wissen zu lassen. Komm, laß uns wieder in den Obstgarten gehen. Wir dürfen diesen schönen Abend nicht im Haus verschwenden. Es wird einen Sonnenuntergang geben, an den wir uns immer erinnern werden. Der Spiegel kann an der Wand hängenbleiben, er gehört dir. Aber sieh nicht zu oft hinein, sonst wird Tante Janet ärgerlich. Sie fürchtet, es könnte dich eitel machen."

Kilmeny lachte ihr klingendes Lachen, bei dem sich Eric jedesmal wunderte, daß sie so lachen, aber nicht sprechen konnte. Sie warf ihrem Spiegelbild eine Kußhand zu und wandte sich lächelnd ab.

Auf dem Weg zum Obstgarten begegneten sie Neil. Er sah weg, aber Kilmeny schauderte und rückte unwillkürlich näher an Eric heran.

„Ich verstehe Neil nicht mehr", schrieb sie nervös. „Er ist nicht mehr so nett wie früher, und manchmal antwortet er nicht, wenn ich etwas zu ihm sage. Und er sieht mich auch so merkwürdig ab. Und er ist mürrisch und frech zu Onkel Thomas und Tante Janet."

„Kümmere dich nicht um Neil", sagte Erich leichthin. „Er ist wahrscheinlich beleidigt wegen einiger Sachen, die ich ihm gesagt habe, weil er uns nachspioniert hat."

An diesem Abend stahl sich Kilmeny vor dem Schlafengehen ins Wohnzimmer, um noch einen Blick in den

Spiegel zu werfen. Sie hatte eine Kerze dabei, die dämmeriges Licht verbreitete. Sie stand noch verträumt da, als Tante Janets grimmiges Gesicht im schattigen Türrahmen erschien.

„Bestaunst du deine Schönheit, Mädchen? Ja, aber denk daran, daß gutes Aussehen nicht alles ist“, sagte sie mit widerwilliger Bewunderung – denn das Mädchen mit den roten Wangen und leuchtenden Augen ließ nicht einmal die mürrische Janet Gordon kalt.

Kilmeny lächelte.

„Ich versuche, daran zu denken“, schrieb sie, „aber – oh, Tante Janet, ich bin so froh, daß ich nicht häßlich bin. Es ist nicht schlimm, darüber froh zu sein, oder?“

Die Miene der älteren Frau wurde etwas freundlicher. „Nein, ich glaube nicht, Mädchen“, sagte sie. „Für ein hübsches Gesicht sollte man dankbar sein – das weiß man am besten, wenn man es nie hatte. Ich weiß noch, daß ich als Mädchen – aber das gehört nicht hierher. Der Master findet dich wunderschön, Kilmeny“, fügte sie hinzu und sah das Mädchen forschend an.

Kilmeny fuhr zusammen und wurde glühendrot. Das und ihr Blick sagten Janet Gordon alles. Sie unterdrückte einen Seufzer, sagte ihrer Nichte gute Nacht und ging.

Kilmeny rannte die Treppe zu ihrem dämmerigen kleinen Zimmer hinauf, von dem aus man Blick auf die Fichten hatte, warf sich aufs Bett und vergrub ihr glühendes Gesicht im Kissen. Die Worte ihrer Tante hatten ihr das Geheimnis ihres Herzens enthüllt. Sie wußte, daß sie Eric Marshall liebte – und dieses Wissen brachte eine sonderbare Beklemmung mit sich. Denn war sie nicht stumm? Die ganze Nacht lag sie wach und starrte mit weit offenen Augen in die Dunkelheit, bis der Morgen anbrach.

14. Selbstlosigkeit

Bei ihrem nächsten Treffen fiel Eric eine Veränderung an Kilmeny auf – eine Veränderung, die ihn beunruhigte. Sie wirkte kühl, geistesabwesend und beinahe so, als fühle sie sich in seiner Gegenwart unwohl. Als er einen Ausflug in den Obstgarten vorschlug, wollte sie nicht. Die Tage, die darauf folgten, bestätigten diesen Eindruck. Etwas stand zwischen ihnen. Kilmeny schien so weit von ihm entfernt zu sein, als sei sie, wie ihre Namensschwester aus dem Gedicht, sieben Jahre in dem Land gewesen, „wo kein Regen fällt und kein Wind weht", und reingewaschen von allen irdischen Gefühlen zurückgekehrt.

Eric war die ganze Woche niedergeschlagen, aber dann beschloß er, sich durch offene Worte Klarheit zu verschaffen. Im Obstgarten sagte er ihr eines Abends, daß er sie liebte.

Es war ein Abend im August, an dem der Weizen auf den Feldern für die Ernte reifte – eine milde Nacht in violettem Licht, wie geschaffen für die Liebe mit dem fernen Murmeln der unruhigen See an der felsigen Küste. Kilmeny saß auf der alten Bank, wo er sie zum erstenmal gesehen hatte. Sie hatte ihm etwas vorgespielt, aber ihre Musik hatte ihr nicht gefallen, und sie legte die Geige mit einem Stirnrunzeln beiseite.

Vielleicht hatte sie Angst, zu spielen – Angst, daß sie ihre neuen Gefühle verraten würde, weil sie in ihrer Musik zum Ausdruck kamen. Das war kaum zu verhindern, denn sie war schon so lange daran gewöhnt, ihr ganzes Gefühl in ihr Geigenspiel zu legen. Es störte sie, daß sie sich zurückhalten mußte, und ihr Bogen wurde zu einem widerspenstigen Etwas, das ihren Wünschen nicht mehr gehorchte. Mehr als je zuvor wünschte sie sich, sie könnte sprechen – und mit Worten verbergen, was gefährliche Stille verraten konnte.

Mit leiser Stimme, die vor Eifer zitterte, sagte Eric ihr, daß er sie liebe – daß er sie liebe, seit er sie zum erstenmal gesehen habe. Er sprach bescheiden, aber nicht ängstlich, denn er glaubte, daß sie seine Liebe erwiderte, und fürchtete keine Ablehnung.

„Kilmeny, willst du meine Frau werden?“ fragte er schließlich und nahm ihre Hände.

Kilmeny hatte mit abgewandtem Gesicht zugehört. Zu Beginn war sie vor Verlegenheit errötet, aber jetzt war sie sehr blaß geworden. Als er geendet hatte und auf ihre Antwort wartete, entzog sie ihm plötzlich die Hände und schlug sie vors Gesicht. Sie brach in Tränen aus und schluchzte lautlos.

„Kilmeny, Liebste, habe ich dich erschreckt? Du wußtest doch sicher schon, daß ich dich liebe. Machst du dir nichts aus mir?“ sagte Eric. Er legte den Arm um sie und wollte sie an sich ziehen. Aber sie schüttelte traurig den Kopf und schrieb mit zusammengepreßten Lippen: „Ja, ich liebe dich, aber ich werde dich nie heiraten, weil ich nicht sprechen kann.“

„Oh, Kilmeny“, sagte Eric lächelnd, denn er war seines Sieges sicher, „das spielt für mich keine Rolle – das weißt du genau, Liebling. Mir reicht, daß du mich liebst.“

Aber Kilmeny schüttelte nur wieder den Kopf. Ihr blasses Gesicht sah sehr entschlossen aus. Sie schrieb: „Nein, das reicht nicht. Ich würde dir ein großes Unrecht tun, wenn ich dich heirate, obwohl ich nicht sprechen kann. Ich werde es nicht tun, weil ich dich zu sehr liebe, um etwas zu tun, das dir schaden würde.

Deine Familie und Freunde würden finden, daß du eine Dummheit machst, und sie hätten recht damit. Ich habe es immer wieder durchdacht, seit eine Bemerkung von Tante Janet mir die Augen geöffnet hat, und ich weiß, daß ich das Richtige tue. Es tut mir leid, daß ich es nicht eher begriffen habe – bevor du mich so liebgewonnen hast."

„Kilmeny, Schatz, du hast dir Unsinn in den Kopf gesetzt. Weißt du nicht, daß du mich für den Rest meines Lebens unglücklich machst, wenn du nicht meine Frau wirst?"

„Nein – das glaubst du jetzt, und du wirst sicher eine Weile traurig sein. Dann gehst du fort, und bald hast du mich vergessen und wirst sehen, daß ich recht hatte. Ich werde auch sehr unglücklich sein, aber lieber das, als dir das Leben zu ruinieren. Versuche nicht, mich umzustimmen – ich werde meine Meinung nicht ändern."

Aber Eric versuchte es doch – zuerst geduldig und lächelnd, wie man vielleicht mit einem eigensinnigen Kind spricht, dann ernst und leidenschaftlich, als er merkte, daß Kilmeny meinte, was sie sagte. Es war alles umsonst. Kilmeny wurde immer blasser, und ihr Blick sagte deutlich, daß sie litt. Sie versuchte nicht einmal, mit ihm zu streiten, sondern hörte ihm nur geduldig und traurig zu und schüttelte den Kopf. Er konnte sagen, was er wollte, bitten und flehen, sie ließ sich keinen Haarbreit von ihrer Entscheidung abbringen.

Aber es brachte ihn nicht zur Verzweiflung. Er konnte nicht glauben, daß sie bei einer solchen Entscheidung bleiben würde. Er war sicher, daß ihre Liebe zu ihm schließlich den Sieg davontragen würde, und so war er auf dem Heimweg nicht allzu unglücklich. Er verstand nicht, daß gerade die Tiefe ihrer Liebe ihr die Kraft gab, seinen Antrag abzulehnen, und daß eine weniger ernste Zuneigung vielleicht nachgegeben hätte. Es hielt sie davon ab, etwas zu tun, das sie für ein Unrecht hielt.

15. Ein schreckliches Geheimnis

Am nächsten Tag ging Eric wieder zu Kilmeny und versuchte sie umzustimmen, aber wieder vergeblich. Nichts, was er sagte, kein Argument, das er vorbrachte, konnte ihre traurige Entschlossenheit ins Wanken bringen. Als er schließlich einsehen mußte, daß ihr Entschluß feststand, ging er in seiner Verzweiflung zu Janet Gordon. Janet hörte sich seine Geschichte bekümmert an und machte ein zutiefst enttäuschtes Gesicht. Dann schüttelte sie den Kopf.

„Es tut mir leid, Master – ich kann Ihnen gar nicht sagen, wie sehr! Ich hatte auf etwas ganz anderes gehofft. Gehofft? Ich habe darum *gebetet*! Thomas und ich werden alt, und es liegt mir schon seit Jahren auf der Seele – was aus Kilmeny werden soll, wenn wir nicht mehr da sind. Seit Sie gekommen sind, hoffte ich, sie würde in Ihnen einen Beschützer haben. Aber wenn Kilmeny sagt, sie wolle Sie nicht heiraten, fürchte ich, daß sie dabei bleibt."

„Aber sie liebt mich", rief der junge Mann, „und wenn Sie und ihr Onkel mit ihr reden – auf sie einwirken – vielleicht können Sie sie umstimmen –"

„Nein, Master, das hätte keinen Sinn. Oh, wir werden es natürlich versuchen, aber es wird nichts nützen. Kilmeny ist genauso eigensinnig wie ihre Mutter, wenn sie sich einmal für etwas entschieden hat. Sie war meistens gut und gehorsam, aber ein- oder zweimal haben wir gemerkt, daß sie von einem einmal gefaßten Entschluß nicht mehr abzubringen ist. Als ihre Mutter starb, wollten Thomas und ich sie mit zur Kirche nehmen, aber wir konnten sie nicht dazu bewegen, mitzugehen. Wir wußten damals nicht, warum, aber jetzt denke ich, es lag daran, daß sie glaubte, so häßlich zu sein. Sie will Sie nicht heiraten, *weil* sie so sehr an Sie denkt – sie fürchtet, daß Sie es eines Tages bereuen, ein stummes Mädchen geheiratet zu haben. Vielleicht hat sie recht – vielleicht hat sie recht."

„Ich kann sie nicht aufgeben", sagte Eric eigensinnig. „Es muß etwas getan werden! Vielleicht kann ihr Gebrechen noch geheilt werden – haben Sie je daran gedacht? Sie haben sie nie von einem Spezialisten untersuchen lassen, oder?"

„Nein, Master, das haben wir nie getan. Als wir zum erstenmal fürchteten, daß sie niemals sprechen würde, wollte Thomas sie nach Charlottetown zum Arzt bringen. Er liebte das Kind so sehr und machte sich große Sorgen um sie. Aber ihre Mutter wollte nichts davon wissen. Es hatte keinen Sinn, mit ihr zu diskutieren. Sie sagte, es würde nichts helfen – sie glaubte, daß ihr Kind für ihre Sünde büßen müsse und nie geheilt werden könne."

„Und Sie haben dieser krankhaften Laune einfach so nachgegeben?" fragte Eric ungeduldig.

„Master, Sie haben meine Schwester nicht gekannt. Wir *mußten* nachgeben – niemand konnte sich gegen sie durchsetzen. Sie war seltsam – und in vieler Hinsicht schrecklich – nach ihrem Unglück. Wir hatten Angst, sie zu verärgern, weil sie fürchteten, sie würde den Verstand verlieren."

„Aber hätten Sie Kilmeny nicht ohne Wissen ihrer Mutter zum Arzt bringen können?"

„Nein, das war unmöglich. Margaret hat sie nie aus den Augen gelassen, nicht einmal, als sie schon groß war. Und um ganz ehrlich zu sein, Master, wir haben selber nicht geglaubt, daß es sinnvoll sei, Kilmeny heilen zu wollen. Sie *ist* durch eine Sünde so geworden."

„Tante Janet, wie können Sie solchen Unsinn reden? Wer hat gesündigt? Ihre Schwester glaubte, rechtmäßig verheiratet zu sein. Wenn Ronald Fraser es besser wußte – und dafür gibt es keine Beweise –, dann hat *er* eine Sünde begangen, aber Sie glauben doch wohl nicht, daß sein unschuldiges Kind in dieser Form dafür bestraft wurde!"

„Nein, das meine ich nicht, Master. Es war nicht Margarets Schuld, und obwohl ich Ronald Fraser nie besonders mochte, muß ich eins zu seinen Gunsten sagen – ich denke, daß er wirklich glaubte, frei zu sein, als er Margaret heiratete. Nein, es ist etwas anderes – etwas viel Schlimmeres. Ich schaudere jedesmal beim Gedanken daran. Oh, Master, das Gute Buch hat recht, wenn es sagt, daß die Sünden der Eltern auf die Kinder zurückfallen. Kein Wort darin ist so wahr wie dieses."

„Was zum Kuckuck meinen Sie damit?" rief Eric. „Sagen Sie es mir! Ich muß die ganze Wahrheit über Kilmeny wissen. Spannen Sie mich nicht auf die Folter!"

„Ich werde Ihnen die ganze Geschichte erzählen, Master, auch wenn ich damit eine alte Wunde aufreiße. Niemand weiß davon, außer Thomas und mir. Wenn Sie es hören, werden Sie verstehen, warum Kilmeny nicht sprechen kann, und warum wahrscheinlich nichts für sie getan werden kann. Sie weiß die Wahrheit nicht, und Sie dürfen sie ihr nie erzählen. Die Geschichte ist nicht geeignet für sie, vor allem, weil es um ihre Mutter geht. Versprechen Sie mir, daß Sie es ihr nie erzählen werden, was auch immer passiert."

„Ich verspreche es. Nun reden Sie schon!" sagte der junge Mann aufgeregt.

Janet Gordon faltete die Hände im Schoß, als wolle sie sich für eine schreckliche Prüfung wappnen. Sie sah sehr alt aus, die Falten in ihrem Gesicht wirkten doppelt so tief wie sonst.

„Meine Schwester Margaret war ein sehr stolzes, selbstsicheres Mädchen, Master. Aber Sie dürfen nicht glauben, sie sei nicht liebenswert gewesen. Nein, nein, damit würde man ihrem Andenken bitter Unrecht tun. Sie hatte ihre Fehler wie wir alle, aber sie war intelligent und fröhlich und warmherzig. Wir haben sie alle geliebt. Sie war der Sonnenschein des Hauses. Ja, Master, vor dem Unglück, das ihr widerfuhr, war Margaret ein fröhliches Mädchen, das von morgens bis abends gesungen hat wie eine Lerche. Vielleicht haben wir sie ein bißchen verwöhnt – vielleicht haben wir ihr zuviel durchgehen lassen.

Nun, Master, Sie kennen die Geschichte ihrer Ehe mit Ronald Fraser, also kann ich das überspringen. Ich kenne – oder kannte – Elizabeth Williamson gut und wußte: Was auch immer sie Ihnen erzählt hat, würde die Wahrheit und nichts als die Wahrheit sein.

Unser Vater war ein sehr stolzer Mann. Oh, Master, wenn Margaret zu stolz war, dann gibt es keinen Zweifel, von wem sie es hatte! Und ihr Unglück brach ihm das Herz. Nachdem er davon gehört hatte, sagte er tagelang kein Wort. Er saß mit gesenktem Kopf in der Ecke und wollte weder essen noch trinken. Er war nicht damit einverstanden, daß sie Ronald Fraser heiratete, und als sie entehrt nach Hause kam, hatte sie kaum den Fuß über die Schwelle gesetzt, als er sie schon mit einem Schwall von Beschimpfungen überschüttete. Oh, selbst jetzt sehe ich sie noch da in der Tür stehen, Master, bleich und zitternd. Sie klammerte sich an Thomas' Arm, und ihre Miene veränderte sich – zuerst hatte sie traurig und beschämt ausgesehen, und nun wurde sie wütend. Die Sonne ging gerade unter, und ein roter Strahl fiel durchs Fenster auf ihre Brust – es sah aus wie ein Blutfleck.

Vater warf ihr ein Schimpfwort an den Kopf, Master. Oh, er war zu hart – obwohl er mein Vater war, muß ich sagen, daß er zu hart war. Sie hatte ein gebrochenes Herz und hatte nichts Schlimmeres verbrochen, als in der Frage ihrer Heirat etwas eigensinnig zu sein.

Und Vater bereute es – oh, Master, er hatte das Wort noch nicht zu Ende gesprochen, als er es auch schon bereute. Aber das Unglück war geschehen. Oh, ich vergesse nie Margarets Gesicht, Master! Es verfolgt mich bis in den Schlaf. Wütend und rebellisch und trotzig sah sie aus. Aber sie hat ihm nicht widersprochen. Sie ballte die Fäuste und marschierte in ihr altes Zimmer, ohne ein Wort zu sagen. Der Zorn brodelte in ihr, und sie blieb stur dabei, nicht mehr zu sprechen. Und, Master, sie sprach kein Wort mehr, bis Kilmeny geboren war – kein einziges Wort, Master! Sie war durch nichts zu erweichen. Dabei waren wir gut zu ihr, Master, und nachsichtig, und wir machten ihr nie Vorwürfe, nicht einmal durch mißbilligende Blicke. Sie saß einfach in ihrem Zimmer und starrte bitterböse an die Wand. Vater bat sie inständig, zu reden und ihm zu verzeihen, aber sie tat so, als würde sie es nicht einmal hören.

Und das Schlimmste kommt erst noch, Master. Vater wurde krank und bettlägerig. Margaret hat sich nicht bei ihm sehen lassen. Dann saßen Thomas und ich eines Nachts bei ihm, es war gegen elf. Plötzlich sagte er: ‚Janet, geh nach oben und sag dem Mädchen – so nannte er Margaret immer – es war eine Art Kosename –, daß ich sterbe, und sag ihr, daß sie herunterkommen und mit mir sprechen soll, bevor ich für immer gehe.‘

Master, ich bin gegangen. Margaret saß allein in ihrem dunklen kalten Zimmer und starrte an die Wand. Ich sagte ihr, was unser Vater gesagt hatte. Sie gab nicht einmal zu erkennen, daß sie mich hörte. Ich bat und weinte, Master. Zuletzt bin ich vor ihr auf die Knie gefallen und habe sie angefleht, um ihres eigenen Seelenheils willen zu unserem sterbenden Vater zu gehen. Master, sie hat es nicht getan! Sie rührte sich nicht und sah mich nicht einmal an. Ich mußte nach unten gehen und dem alten Mann sagen, daß sie nicht kommen wollte."

Janet Gordon schlug die Hände über dem Kopf zusammen, als sie an den schrecklichen Abend dachte.

„Als ich es Vater erzählte, sagte er nur milde: ‚Armes Mädchen, ich war zu hart zu ihr. Es ist nicht ihre Schuld. Aber ich kann nicht zu ihrer Mutter heimgehen, bevor unser kleines Mädchen mir verziehen hat, wie ich sie genannt habe. Thomas, hilf mir auf. Wenn sie nicht zu mir kommen will, muß ich eben zu ihr gehen.'

Er war nicht davon abzubringen – wir sahen es ein. Er ist vom Totenbett aufgestanden, und Thomas führte ihn in die Diele und die Treppe hinauf. Ich folgte ihnen mit der Kerze. Oh, Master, ich vergesse es nie – die scheußlichen Schatten und der Sturm, der draußen heulte, und Vaters keuchende Atemzüge. Aber irgendwie schafften wir ihn in Margarets Zimmer, und er stand vor ihr – zitternd, und die weißen Haare hingen ihm in sein eingefallenes Gesicht. Und er bat Margaret, ihm zu verzeihen – ihm zu verzeihen und nur ein einziges Wort zu sagen, bevor er zu ihrer Mutter heimgehen würde. Master," – Janets Stimme hob sich fast zu einem Kreischen – „sie hat es nicht getan – sie hat es nicht getan! Und dabei *wollte* sie – wie sie mir später gebeichtet hat. Aber ihre Verbohrtheit hat es nicht zugelassen. Es war, als habe ein böser Geist sie in seiner Gewalt und wollte sie nicht gehen lassen. Vater hätte genausogut gegen eine Wand reden können. Oh, es war schrecklich! Sie hat ihren Vater sterben sehen und nicht das Wort gesagt, um das er so sehr bat. *Das* war ihre Sünde, Master – und dafür fiel der Fluch auf ihr ungeborenes Kind. Als Vater begriff, daß sie nichts sagen würde, schloß er die Augen und wäre umgefallen, wenn Thomas ihn nicht aufgefangen hätte.

‚Oh, Mädchen, du bist hart wie Stein', war alles, was er sagte. Und das waren seine letzten Worte. Thomas und ich trugen ihn in sein Zimmer zurück, aber er hatte sein Leben ausgehaucht, bevor wir dort ankamen.

Nun, Master, einen Monat später wurde Kilmeny geboren, und als Margaret ihr Baby im Arm hielt, verlor der böse Geist seine Macht. Sie sprach und weinte und war wieder sie selbst. Oh, wie sie weinte! Sie bat uns, ihr zu verzeihen, was wir von ganzem Herzen taten. Aber der, gegen den sie sich am schwersten versündigt hatte, war nicht mehr da, und kein Wort der Vergebung konnte sie aus dem Grab erreichen. Meine arme Schwester fand ihren Seelenfrieden nie wieder, Master. Aber sie war sanftmütig und gefügig, bis – bis sie Angst bekam, daß Kilmeny niemals sprechen würde. Wir dachten, sie würde den Verstand verlieren. Sie war nie wieder ganz sie selbst, Master.

Das war die Geschichte, und ich bin froh, daß sie endlich erzählt wurde. Kilmeny *kann* nicht sprechen, weil ihre Mutter nicht sprechen *wollte.*"

Eric hatte sich die schreckliche Geschichte erschüttert angehört. Die Tragödie entsetzte ihn – die Tragödie des unbarmherzigen Gesetzes, des grausamsten und geheimnisvollsten in Gottes Universum, demzufolge die Unschuldigen für die Sünden der Schuldigen büßen müssen. Sosehr er sich auch dagegen sträubte, beschlich ihn doch das bedrückende Gefühl, daß ärztliche Kunst in Kilmenys Fall machtlos war.

„Das ist eine furchtbare Geschichte", sagte er düster, stand auf und ging rastlos auf in der dämmrigen alten Küche auf und ab. „Und wenn es stimmt, daß das verstockte Schweigen der Mutter die Ursache für Kilmenys Stummheit ist, dann fürchte ich auch, daß wir nichts für sie tun können. Aber vielleicht irren Sie sich. Möglicherweise ist es nur ein sonderbarer Zufall, und es kann etwas für sie getan werden. Auf jeden Fall müssen wir es versuchen. Ein Freund von mir ist Arzt in Queenslea. Er heißt David Baker und ist ein hervorragender Spezialist für Stimm- und Kehlkopferkrankungen. Ich lasse ihn herkommen und Kilmeny untersuchen."

„Machen Sie, was Sie wollen", sagte Janet. Es klang so hoffnungslos, als ginge es um etwas völlig Unmögliches.

„Wir werden Dr. Baker erzählen müssen, warum Kilmeny nicht sprechen kann – oder was Sie für den Grund halten."

In Janets Gesicht zuckte es.

„Muß das sein, Master? Oh, es ist bitter, die Geschichte einem Fremden zu erzählen."

„Machen Sie sich keine Sorgen. Ich werde ihm nur erzählen, was unbedingt nötig ist, damit er den Fall versteht. Es wird reichen, daß Kilmeny vielleicht deshalb stumm ist, weil ihre Mutter in den Monaten vor ihrer Geburt Depressionen hatte und aus einem bitteren persönlichen Groll in eisernem Schweigen verharrte."

„Nun, tun Sie, was Sie für richtig halten, Master."

Janet rechnete offenkundig nicht damit, daß Kilmeny geholfen werden konnte. Aber in Kilmenys Augen leuchtete Hoffnung auf, als Eric ihr erzählte, was er vorhatte.

„Oh, glaubst du, daß er mir zum Sprechen verhelfen kann?" schrieb sie eifrig.

„Ich weiß es nicht, Kilmeny. Ich hoffe es, und ich weiß, daß er alles Menschenmögliche tun wird. Wenn er dein Gebrechen heilen kann, versprichst du mir, mich zu heiraten, Liebste?"

Sie nickte. Es war nur eine kleine Bewegung, die aber die Feierlichkeit eines heiligen Gelübdes hatte.

„Ja", schrieb sie, „wenn ich sprechen kann wie andere Frauen, werde ich dich heiraten."

16. David Bakers Diagnose

In der nächsten Woche kam David Baker nach Lindsay. Er traf am Nachmittag ein, als Eric in der Schule war. Als letzterer nach Hause kam, stellte er fest, daß David innerhalb einer Stunde Mrs. Williamsons Herz erobert, Gnade vor Timothys Augen gefunden und Freundschaft mit dem alten Robert geschlossen hatte. Aber als die beiden jungen Männer allein waren, sah er Eric forschend an.

„Nun, Eric, möchte ich wissen, worum es eigentlich geht. In was für einen Schlamassel bist du hineingeraten? Du hast mir geschrieben, ich solle um unserer Freundschaft willen sofort zu dir kommen. Also bin ich postwendend hergefahren. Du scheinst dich aber ausgezeichneter Gesundheit zu erfreuen. Erkläre mir bitte, warum du mich herbeordert hast."

„Ich möchte, daß du etwas für mich tust, was niemand sonst kann, David", sagte Eric ruhig. „Ich habe mich in meinem Brief nicht mit Einzelheiten aufgehalten. Ich habe hier in Lindsay ein junges Mädchen kennengelernt und mich verliebt. Ich habe sie gebeten, mich zu heiraten, aber sie hat abgelehnt, obwohl sie mich liebt – weil sie stumm ist. Ich möchte, daß du sie untersuchst und herausfindest, was die Ursache ihrer Behinderung ist und ob sie geheilt werden kann. Sie hört ausgezeichnet und ist auch sonst völlig normal. Damit du den Fall verstehst, muß ich dir die wichtigsten Dinge erzählen."

Eric erzählte die Geschichte. David Baker hörte aufmerksam und mit ernster Miene zu. Er ließ sich nicht anmerken, wie sehr es ihn überraschte und beunruhigte, daß Eric sich in ein stummes Mädchen zweifelhafter Herkunft verliebt hatte, und der ungewöhnliche Fall interessierte ihn. Als er die ganze Geschichte gehört hatte, vergrub er die Hände in den Hosentaschen und ging eine Weile schweigend auf und ab. Schließlich blieb er vor Eric stehen.

„Du hast also getan, was ich prophezeit habe – dich verliebt und dabei deinen gesunden Menschenverstand an den Nagel gehängt."

„Und wenn schon", sagte Eric gelassen. „Ich habe etwas viel Besseres dafür bekommen!"

David zuckte die Achseln. „Es wird schwierig sein, mich davon zu überzeugen, Eric."

„Nein, es wird gar nicht schwierig sein. Ich habe ein Argument, das dich sofort überzeugen wird – und das ist Kilmeny Gordon selbst. Aber laß uns jetzt nicht über meinen Verstand – oder dessen Fehlen – diskutieren. Ich möchte wissen, was du von dem Fall hältst."

David runzelte nachdenklich die Stirn.

„Ich weiß nicht, was ich denken soll. Es ist sehr seltsam und ungewöhnlich, aber auch nicht der allererste Fall dieser Art. Es ist schon vorgekommen, daß vorgeburtliche Einflüsse solche Folgen hatten. Ich erinnere mich nur gerade nicht, ob es je eine Heilung gab. Nun, ich werde sehen, ob diesem Mädchen geholfen werden kann. Ich weiß erst mehr, wenn ich sie untersucht habe."

Am nächsten Morgen ging Eric mit David zu den Gordons. Als sie in die Nähe des alten Obstgartens kamen, hörten sie Musik – wild, traurig, fesselnd, voller Pathos und wunderbarer Süße.

„Was ist das?" rief David entgeistert.

„Das ist Kilmeny – sie spielt Geige“, antwortete Eric. „Sie hat großes Talent und komponiert wunderschöne Melodien.“

Als sie den Obstgarten erreichten, stand Kilmeny von der alten Bank auf und ging ihnen entgegen. Ihre schönen leuchtenden Augen weiteten sich, und ihr Gesicht spiegelte eine Mischung aus Hoffnung und Angst wieder.

„O mein Gott!“ murmelte David hilflos.

Er konnte nicht verbergen, wie hingerissen er von Kilmeny war, und Eric lächelte. Ihm war klar, daß sein Freund ihn bis jetzt für verrückt gehalten hatte.

„Kilmeny, das ist mein Freund Dr. Baker“, sagte er.

Kilmeny reichte ihm lächelnd die Hand. Ihre Schönheit, die an diesem Frühlingsmorgen besonders zur Geltung kam, hätte jedem Mann den Atem verschlagen. David fehlte es sonst keineswegs an Selbstbewußtsein, und er war Frauen gegenüber nicht auf den Mund gefallen. Doch jetzt war er unbeholfen wie ein Schuljunge und brachte kaum einen Ton heraus.

Aber Kilmeny war völlig unbefangen. Sie zeigte keinerlei Befangenheit, nur eine liebenswerte Schüchternheit. Eric lächelte, als er an *seine* erste Begegnung mit ihr dachte, und plötzlich ging ihm auf, wie sehr Kilmeny sich seither entwickelt hatte. Kilmeny ging durch den Obstgarten zur Kirschenallee, und die beiden Männer folgten ihr.

„Eric, sie ist einfach unbeschreiblich!“ sagte David leise. „Gestern abend habe ich ehrlich gesagt an deinem Verstand gezweifelt. Aber jetzt bin ich rasend eifersüchtig. Sie ist das reizendste Geschöpf, das ich je gesehen habe.“

Eric machte David mit den Gordons bekannt und eilte zur Schule. Als er die Gordon Lane hinunterging, traf er auf Neil und erschrak zunächst vor dem Haß in den Augen des jungen Italieners. Gleich darauf regte sich bei ihm Mitleid. Neils Gesicht war schmal und zerfurcht, die tiefliegenden Augen hatten einen fiebrigen Glanz, und er sah um Jahre älter aus als an dem Tag, an dem Eric ihn zum erstenmal gesehen hatte.

Überwältigt von jähem Mitgefühl, blieb Eric stehen und hielt ihm die Hand hin.

„Neil, können wir nicht Freunde sein?“ fragte er. „Es tut mir leid, wenn ich dir Kummer gemacht habe.“

„Freunde! Niemals!“ sagte Neil heftig. „Sie haben mir Kilmeny weggenommen. Ich werde Sie bis in alle Ewigkeit hassen. Und ich werde es Ihnen noch heimzahlen.“

Er marschierte wütend die Straße hinauf, und Eric zuckte die Schultern, ging weiter und dachte nicht weiter an die Begegnung.

Der Tag zog sich endlos hin. Als er zum Abendessen nach Hause kam, war David noch nicht wieder da, aber als er in sein Zimmer hinaufging, traf er seinen Freund dort an. David starrte aus dem Fenster.

„Nun“, sagte er ungeduldig, als David sich zu ihm umdrehte, aber immer noch nichts sagte, „was hast du mir zu sagen? Spann mich nicht länger auf die Folter, David, ich kann nicht mehr – der heutige Tag ist mir vorgekommen wie tausend Jahre! Hast du herausgefunden, was Kilmeny fehlt?“

„Ihr fehlt gar nichts“, sagte David langsam und ließ sich in einen Stuhl am Fenster fallen.

„Wie meinst du das?“

„Genau so, wie ich es sage. Ihre Stimmbänder, ihre Lippen und ihre Zunge sind völlig intakt – diesbezüglich gibt es keinen Grund, warum sie nicht sprechen kann.“

„Warum kann sie es dann nicht? Glaubst du – glaubst du –“

„Ich denke, ich kann es nicht besser ausdrücken als Janet Gordon, die gesagt hat, daß Kilmeny nicht sprechen kann, weil ihre Mutter nicht sprechen wollte. Das ist der einzige Grund. Es ist ein psychisches, kein physisches Problem. Ärztliche Kunst ist dagegen machtlos. Es gibt bessere Ärzte als mich, aber es ist meine ehrliche Überzeugung, Eric, daß sie dir das gleiche sagen würden wie ich.“

„Dann besteht keine Hoffnung!“ Eric klang verzweifelt. „Du kannst nichts für sie tun?“

David nahm einen gehäkelten Antimakassar von der Rücklehne seines Stuhls, auf dem ein wilder Löwe abgebildet war, und breitete ihn auf seinem Knie aus.

„Ich kann nichts für sie tun“, sagte er und sah das Kunstwerk grimmig an. „Ich glaube nicht, daß irgend jemand etwas für sie tun kann. Aber ich würde nicht direkt sagen, daß keine Hoffnung besteht.“

„Komm, David, ich habe keine Lust zum Rätselraten! Drück dich klar aus, Mann, und halte mich nicht hin.“

David runzelte die Stirn und steckte den Finger in das Loch, das das Auge des Königs der Tiere darstellte.

„Ich weiß nicht, ob ich es dir erklären kann. Es ist mir selbst nicht richtig klar. Und es ist natürlich nur eine vage Theorie von mir. Ich kann sie nicht durch Tatsachen belegen. Kurzum, Eric, ich halte es für möglich, daß Kilmeny irgendwann sprechen kann – wenn sie es nur genug will.“

„Wenn sie will! Mann, sie will es mehr als alles andere. Sie liebt mich von ganzem Herzen und will mich nicht heiraten, weil sie nicht sprechen kann. Glaubst du nicht, daß ein Mädchen unter solchen Umständen sprechen können will?“

„Ja, aber ich meine nicht diese Art von Wollen, so groß der Wunsch auch sein mag. Ich meine etwas anderes – einen plötzlichen, heftigen, leidenschaftlichen Antrieb, körperlich, seelisch, geistig, alles auf einmal, der stark genug ist, die unsichtbaren Fesseln zu zerreißen, die ihre Stimme gefangen halten. Ich glaube, daß sie dann sprechen würde – und danach sprechen könnte wie jeder andere – nachdem sie erst einmal ein Wort herausgebracht hätte."

„Das klingt für mich alles vollkommen unsinnig", sagte Eric ungeduldig. „Wahrscheinlich ahnst du, wovon du redest, aber ich nicht. Wie auch immer, es bedeutet, daß es keine Hoffnung für sie gibt – oder für mich. Auch wenn deine Theorie stimmen sollte, ist es unwahrscheinlich, daß es je zu einem solchen Anlaß kommen wird. Und Kilmeny wird mich nie heiraten."

„Gib nicht so schnell auf, alter Junge. Es *ist* schon vorgekommen, daß Frauen ihre Meinung geändert haben."

„Nicht Frauen wie Kilmeny", sagte Eric unglücklich. „Ich sage dir, sie hat die gleiche Entschlossenheit wie ihre Mutter, auch wenn sie keinen Stolz oder Egoismus kennt. Ich danke dir, David – du hast getan, was du konntest. Aber hättest du ihr nur helfen können!"

Mit einem Stöhnen warf sich Eric in einen Stuhl und vergrub das Gesicht in den Händen. Es war der bitterste Augenblick seines Lebens. Er hatte geglaubt, auf eine Enttäuschung gefaßt zu sein. Ihm war nicht klar gewesen, wie groß seine Hoffnung gewesen war, bis sie ihm genommen wurde.

David seufzte und zog den Antimakassar sorgfältig wieder über die Stuhllehne.

„Eric, letzte Nacht dachte ich ehrlich gesagt, es wäre am besten für dich, wenn ich diesem Mädchen nicht helfen könnte. Aber seit ich sie gesehen habe – wahrhaftig, ich würde meine rechte Hand geben, um etwas für sie zu tun. Sie ist *die* Frau für dich, wenn sie sprechen kann, ja, und bei der Erinnerung an deine Mutter", David schlug mit der Faust auf die Fensterbank, daß die Fensterflügel wackelten, „sie ist auch die Frau für dich, wenn sie *nicht* sprechen kann – wenn wir sie nur davon überzeugen könnten!"

„Das wird uns nicht gelingen. Nein, David, ich habe sie verloren. Hast du ihr das gleiche erzählt wie mir?“

„Ich habe ihr gesagt, daß ich ihr nicht helfen kann, aber nichts von meiner Theorie – das hätte nichts genützt.“

„Wie hat sie es aufgenommen?“

„Sehr ruhig und gefaßt –‚wie eine charmante Dame‘. Aber ihr Blick – Eric, ich habe mich gefühlt wie ein Mörder. Sie hat mir mit einem kläglichen Lächeln auf Wiedersehen gesagt und ist nach oben gegangen. Ich habe sie danach nicht mehr gesehen, obwohl ich auf Einladung ihres Onkels zum Abendessen geblieben bin. Diese alten Gordons sind ein komisches Paar, aber ich mag sie trotzdem. Sie sind stark und beständig – gute Freunde, erbitterte Feinde. Sie waren traurig, daß ich Kilmeny nicht helfen konnte, aber dem alten Thomas Gordon war deutlich anzusehen, daß er fand, ich hätte versucht, dem Schicksal ins Handwerk zu pfuschen.“

Eric lächelte gezwungen.

„Ich muß Kilmeny sehen. Du entschuldigst mich, David, nicht wahr? Nimm dir ein Buch zum Lesen, wenn du möchtest.“

Aber als Eric bei den Gordons erschien, sah er nur die alte Janet, die ihm mitteilte, daß Kilmeny in ihrem Zimmer sei und ihn nicht sehen wolle.

„Sie hat erwartet, daß Sie kommen würden, Master, und mir dies für Sie gegeben.“

Janet gab ihm einen Brief. Er war sehr kurz und von Tränen verwischt.

„Komm bitte nicht mehr her, Eric“, stand darin. „Ich darf Dich nicht mehr sehen, weil es dann für uns beide noch schwerer wird. Du mußt gehen und mich vergessen. Eines Tages wirst Du mir dafür dankbar sein. Ich werde Dich immer lieben und für Dich beten. Kilmeny.“

„Ich *muß* sie sehen“, sagte Eric verzweifelt. „Tante Janet, seien Sie meine Freundin. Sagen Sie ihr, daß sie wenigstens für einen Moment herunterkommen soll.“

Janet schüttelte den Kopf, ging aber hinauf. Sie kam bald wieder.

„Sie sagt, sie könne nicht herunterkommen. Sie wissen, daß sie es ernst meint, Master, und es hat keinen Sinn, sie überreden zu wollen. Und ich muß sagen, ich glaube, daß sie recht hat. Da sie Sie nicht heiraten will, ist es besser für sie, wenn sie Sie nicht mehr sieht.“

Eric blieb nichts anderes übrig, als ungetröstet nach Hause zu gehen. Am nächsten Morgen – es war Sonntag – fuhr er David Baker zum Bahnhof. Er hatte nicht geschlafen und sah so elend aus, daß David sich Sorgen machte. David wäre gern ein paar Tage in Lindsay geblieben, aber wegen eines Notfalls in Queenslea mußte er so schnell wie möglich abreisen. Auf dem Bahnsteig schüttelte er David die Hand.

„Eric, gib diese Arbeit auf und komm sofort wieder nach Hause. Du kannst hier nichts mehr ausrichten – du wirst hier nur unglücklich.“

„Ich muß Kilmeny noch einmal sehen, bevor ich abreise“, war Erics Antwort.

Am gleichen Nachmittag ging er wieder zu den Gordons. Aber das Ergebnis war dasselbe. Kilmeny wollte ihn nicht sehen, und Thomas Gordon sagte ernst: „Master, Sie wissen, wie gern ich Sie habe. Es tut mir leid, daß Kilmeny dieser Meinung ist, obwohl sie vielleicht recht hat. Ich würde Sie gern wiedersehen – um Ihrer selbst willen –, und ich werde Sie sehr vermissen, aber so, wie die Dinge liegen, sage ich Ihnen direkt, daß Sie besser nicht mehr herkommen sollten. Es wird nichts nützen, und je eher Sie und Kilmeny einander vergessen, desto besser. Gehen Sie, Junge, und Gott segne Sie.“

„Wissen Sie, was Sie von mir verlangen?“ fragte Eric heiser.

„Ich weiß, daß es hart ist, aber es ist zu Ihrem eigenen Besten, Master. Kilmeny ändert nie ihre Meinung. Wir haben doch Erfahrung mit eigensinnigen Frauen. Still, Janet, hör auf zu heulen! Ihr Weiber seid zu albern. Glaubst du, Tränen würden solche Dinge wegspülen? Nein, sie können die Sünde nicht abwaschen, ebensowenig wie die Folgen der Sünde. Es ist furchtbar, daß eine einzige Sünde sich ausbreiten kann, bis sie sich in das Leben Unschuldiger einnistet – manchmal lange, nachdem der Sünder längst vor seinen Richter getreten ist. Master, hören Sie auf mich: Geben Sie Ihre Arbeit in der Lindsay School auf und kehren Sie in Ihr altes Leben zurück – und das so bald wie möglich."

17. Die zerrissene Fessel

Eric ging nach Hause. Sein Gesicht war bleich und zerfurcht. Er hatte nicht geahnt, daß man so leiden konnte wie er jetzt. Was sollte er tun? Es erschien ihm unmöglich, einfach weiterzuleben – es *gab* kein Leben ohne Kilmeny. Der Schmerz marterte seine Seele, bis all seine Kräfte geschwunden waren und Jugend und Hoffnung in seinem Herzen sich in bittere Galle verwandelt hatten.

Später konnte er nicht mehr sagen, wie er den folgenden Sonntag überstanden und am Montag in der Schule unterrichtet hatte, als sei nichts gewesen. Er stellte fest, daß man trotz allem weiter leben und arbeiten kann. Sein Körper kam ihm vor wie ein Automat, der mechanisch sprach und handelte, obwohl sein geplagter Geist Qualen ausstand, die ihn für immer zeichneten. Es war eine Feuerprobe, aus der Eric Marshall als Mann hervorging, der seine Kindheit für immer hinter sich gelassen und die Zukunft im Blick hatte.

Am Dienstagnachmittag fand eine Beerdigung statt, und wie üblich wurde die Schule aus diesem Anlaß geschlossen. Eric ging wieder in den alten Obstgarten. Er rechnete nicht damit, Kilmeny dort zu sehen, denn er glaubte, daß sie diesen Ort meiden würde, um ihm nicht zu begegnen. Aber er konnte nicht anders, er mußte hingehen, obwohl es eine zusätzliche Pein war. Er war hin- und hergerissen zwischen dem heißen Wunsch, diesen Flecken Erde nie wieder zu sehen, und der verzweifelten Frage, wie er ihn jemals verlassen konnte – den seltsamen alten Obstgarten, in dem er seine Geliebte getroffen und umworben hatte, in dem er sie hatte aufblühen sehen, bis in nur drei Monaten aus einem bezaubernden Kind eine noch bezauberndere Frau geworden war.

Als er die Weide vor dem Fichtenwald überquerte, traf er auf Neil Gordon, der einen längeren Zaun baute. Neil blickte nicht auf, sondern fuhr mürrisch fort, Pfähle einzuschlagen. Früher hatte Eric Neil bedauert, jetzt fühlte er sich ihm verbunden. Hatte Neil vielleicht ebenso gelitten wie er? Der Schmerz ließ ihn die Dinge mit neuen Augen sehen.

Der Obstgarten lag still und verträumt im Sonnenschein des Septembernachmittags. In der Luft hingen alle sommerlichen Düfte aus Wald und Feld, die sich noch einmal verbreiteten. Es gab nur noch wenige Blumen; die meisten Lilien, die sich noch vor ein paar Tagen wacker gehalten hatten, waren verwelkt, und das vertrocknende Gras wucherte wild. Aber in den Ecken leuchteten noch die Blüten der Goldrute und hier und da das blasse Purpur einiger Astern. Der Obstgarten hatte seinen eigenen sonderbaren Reiz bewahrt, ebenso, wie manche Frauen, die ihre Jugend schon lange hinter sich haben, eine Ausstrahlung unvergessener Schönheit und einen angeborenen, unzerstörbaren Charme bewahren.

Eric ging mit schleppenden Schritten und setzte sich schließlich im Schatten der tief herabhängenden Fichtenzweige auf eine halb verfallene Zaunlatte. Dann verlor er sich in bittersüßen Betrachtungen, in denen er alles wieder durchlebte, was seit seiner ersten Begegnung mit Kilmeny passiert war.

Er war so tief in Gedanken versunken, daß er nicht mitbekam, was um ihn herum vorging. Er hörte nicht die leisen Schritte in dem dunklen Wald, die sich ihm von hinten näherten. Er sah nicht einmal Kilmeny, die langsam um die Kurve der Kirschbaumallee kam.

Kilmeny wollte in den alten Obstgarten, um Trost für ihr gebrochenes Herz zu suchen, wenn es einen Trost geben konnte. Sie fürchtete nicht, Eric um diese Zeit dort anzutreffen, denn sie wußte nicht, daß die Schule wegen der Beerdigung geschlossen war; sonst wäre sie nicht hingegangen. Sie sehnte sich ständig nach dem Garten und nach ihren Erinnerungen, die alles waren, was ihr noch geblieben war.

Die wenigen Tage, die vergangen waren, kamen dem Mädchen wie Jahre vor. Sie hatte tief aus dem Kelch des Kummers getrunken. Ihr Gesicht war blaß und übernächtigt, dunkle Schatten lagen unter den großen Augen, aus denen die Träume und das Lachen der Mädchenzeit verschwunden waren, denen aber Trauer und Duldsamkeit eine eigene Schönheit verliehen. Thomas Gordon hatte düster den Kopf geschüttelt, als er sie am Frühstückstisch gesehen hatte.

Sie wird daran zerbrechen, dachte er. Ihr ist kein langes Leben bestimmt. Vielleicht ist es am besten für das arme Mädchen. Aber ich wünschte, der junge Master hätte nie einen Fuß in Connors Obstgarten oder in dieses Haus gesetzt. Margaret, Margaret, es ist hart, daß deine Tochter für eine Sünde büßen muß, die vor ihrer Geburt begangen wurde.

Kilmeny ging langsam und in Gedanken versunken wie eine Schlafwandlerin den Weg entlang. Als sie zu der Lücke im Zaun des Obstgartens kam, hob sie den Kopf und sah Eric. Er saß auf der anderen Seite des Gartens im Schatten der Bäume und hatte das Gesicht in den Händen vergraben. Sie blieb abrupt stehen, und ihr schoß das Blut in die Wangen. Im nächsten Augenblick wurde sie kreidebleich. Aus ihren Augen sprach nacktes Entsetzen. Hinter Eric stand Neil Gordon – angespannt, geduckt, mordlüstern. Sogar aus der Entfernung sah Kilmeny sein Gesicht, sah, was er in der Hand hielt, und begriff augenblicklich, was er vorhatte.

Sie wußte, daß sie Eric nicht mehr rechtzeitig erreichen würde, um ihn zu warnen. Aber sie mußte ihn warnen – sie mußte – sie *mußte*! Eine überwältigende Sehnsucht kam in ihr auf und riß sie mit wie eine Flutwelle, die stärker war als alles andere. Als Neil Gordon, getrieben von Rachsucht und mit der Miene eines Dämons, die Axt hob, die er in der Hand hielt, machte Kilmeny einen Satz nach vorn.

„Eric, sieh dich um – sieh dich um!"

Eric sprang auf und sah sich verwirrt um, als er die durchdringende Stimme hörte. Er hatte keine Ahnung, daß der Schrei von Kilmeny gekommen war, aber instinktiv gehorchte er dem Befehl.

Er fuhr herum und erblickte Neil Gordon, der nicht ihn ansah, sondern Kilmeny. Das Gesicht des jungen Italieners war aschfahl, sein Blick entsetzt und ungläubig, als habe eine höhere Macht seinen mörderischen Plan vereitelt. Die Axt lag zu seinen Füßen und verriet alles. Er hatte sie entgeistert fallengelassen, als er Kilmenys Ausruf gehört hatte. Aber noch bevor Eric ein Wort sagen konnte, war Neil verschwunden – mit einem Schrei, der mehr wie der eines Tieres klang als der eines Menschen, flüchtete er Hals über Kopf in den Wald.

Im nächsten Moment warf sich Kilmeny lachend und weinend zugleich in Erics Arme.

„Oh, Eric, ich kann sprechen – ich kann sprechen! Es ist wundervoll! Eric, ich liebe dich – ich liebe dich!"

18. Neil Gordon löst sein Problem

„Es ist ein Wunder!“ sagte Thomas Gordon überwältigt.

Es war das erste, was er sagte, nachdem Eric und Kilmeny ins Zimmer gestürmt waren, Hand in Hand wie zwei Kinder, und außer sich vor Freude ihre Geschichte herausgesprudelt hatten.

„O nein – es ist wunderbar, aber es ist kein *Wunder*“, sagte Eric. „David hat gesagt, daß es passieren könne. Ich hatte allerdings keine Hoffnung. Er könnte Ihnen alles erklären, wenn er hier wäre.“

Thomas Gordon schüttelte den Kopf. „Ich bezweifle, daß es irgend jemand erklären kann, Master. Ich halte es für ein Wunder. Laßt uns Gott demütig danken, daß er eine Unschuldige von einem Fluch befreit hat. Ihre Doktoren können es erklären, wie sie wollen, mein Junge, aber ich glaube nicht, daß sie der Sache näherkommen. Es ist überwältigend, jawohl. Janet, Frau, es kommt mir vor wie ein Traum. Kann Kilmeny wirklich sprechen?“

„Ja, Onkel“, sagte Kilmeny mit einem verliebten Blick auf Eric. „Oh, ich weiß nicht, wie es kam – ich hatte das Gefühl, daß ich sprechen *mußte* – und ich tat es. Und jetzt ist es so leicht – als hätte ich es immer gekonnt.“

Sie sprach mühelos, die einzige Schwierigkeit war es, die richtige Tonhöhe zu finden. Manchmal war ihre Stimme zu hoch, dann wieder zu tief. Aber es war offensichtlich, daß sie sie bald unter Kontrolle haben würde. Es war eine wunderschöne Stimme – klar, sanft und musikalisch.

„Ich bin so froh, daß mein erstes Wort dein Name war, mein Liebster!“ murmelte sie.

„Was ist mit Neil?“ fragte Thomas Gordon. Er mußte sich zwingen, seine Fassungslosigkeit abzuschütteln. „Was machen wir mit ihm, wenn er zurückkommt? Das ist die traurige Seite der Geschichte.“

In seinem Freudentaumel hatte Eric Neil beinahe vergessen. Die Erkenntnis, wie knapp er einem gewaltsamen Tod entronnen war, war noch nicht in sein Bewußtsein vorgedrungen.

„Wir müssen ihm verzeihen, Mr. Gordon. Ich weiß, wie *ich* reagieren würde, wenn mir jemand Kilmeny wegnehmen würde. Der Kummer hat ihn rasend gemacht – und denken Sie an das Gute, das es bewirkt hat.“

„Das stimmt, Master, aber das ändert nichts an der schrecklichen Tatsache, daß der Junge Mordpläne geschmiedet hat – und daß er Sie umgebracht hätte. Die Vorsehung hat ihn an der Ausführung der Tat gehindert und aus dem Bösen Gutes hervorgehen lassen, aber er ist schuldig in Gedanken und Absicht. Und wir haben ihn großgezogen und umsorgt wie ein eigenes Kind – und ihn trotz all seiner Fehler geliebt! Es ist schrecklich, und ich weiß nicht, was wir machen sollen. Wir können nicht so tun, als sei nichts gewesen. Wir können ihm nie wieder trauen.“

Aber Neil Gordon löste das Problem selbst. Als Eric abends nach Hause kam, traf er Robert Williamson in der Speisekammer an. Der alte Herr gönnte sich eine Mahlzeit aus Brot und Käse, nachdem er am Bahnhof gewesen war. Timothy saß in seinem schwarzen Samtpelz auf der Anrichte und ließ sich mit leckeren Happen füttern.

„Gute Nacht, Master. Schön zu sehen, daß Sie wieder der Alte sind. Ich habe meiner Frau gesagt, daß es wohl nur ein Streit unter Verliebten war. Sie hat sich Sorgen um sie gemacht, aber sie wollte nicht fragen, was passiert war. Sie gehört zu den bedauernswerten Leuten, die nur glücklich sind, wenn sie ihre Nase in fremde Angelegenheiten stecken können. Aber was war denn heute abend bei den Gordons los, Master?“

Eric fiel aus allen Wolken. Was konnte Robert Williamson so schnell zu Ohren gekommen sein?

„Was meinen Sie?“ fragte er.

„Nun, wir am Bahnhof wußten, daß etwas passiert sein mußte, weil Neil Gordon so Knall auf Fall verschwunden ist. Er ist abgereist, um bei der Ernte in der Prärie zu helfen.“

„Neil ist weg! Abgereist zur Ernte!“ rief Eric.

„Ja, Sir. Sie wissen ja, daß heute abend der Zug in die Prärie abgefahren ist. Ungefähr ein Dutzend Männer von hier ist mitgefahren. Wir standen alle herum und haben geschwatzt, als Lincoln Frame in voller Fahrt angerast kam und Neil von seinem Wagen sprang. Er stürzte Hals über Kopf zum Schalter, kaufte eine Fahrkarte und sprang in den Zug, ohne ein Wort zu sagen. Er sah aus wie der Leibhaftige. Wir waren alle so verblüfft, daß wir keinen Ton herausbrachten, bis er weg war. Lincoln konnte uns auch nicht viel sagen. Er erzählte, Neil sei angerannt gekommen mit einem Gesicht, als sei die Polizei hinter ihm her, und bot Lincoln an, ihm seine schwarze Stute für sechzig Dollar zu verkaufen, wenn Lincoln ihn sofort zum Bahnhof fahren würde, damit er noch den Zug in die Prärie erwischte. Es war Neils eigene Stute, und Lincoln wollte sie schon lange kaufen, aber Neil wollte nie etwas davon wissen. Lincoln ergriff die Gelegenheit natürlich beim Schopf. Neil hatte die Stute dabei, und Lincoln war sofort einverstanden und fuhr ihn zum Bahnhof. Neil hatte gar kein Gepäck bei sich und hat die ganze Fahrt über nicht den Mund aufgemacht, sagt Lincoln. Da dachten wir uns, daß er und der alte Thomas Streit gehabt haben müssen. Wissen Sie was darüber? Oder waren Sie so in Ihr Geturtel vertieft, daß Sie nichts anderes gehört oder gesehen haben?“

Eric überlegte blitzschnell. Er war zutiefst erleichtert, daß Neil weg war. Er würde nie zurückkehren, und das war für alle Beteiligten am besten. Der alte Robert mußte zumindest einen Teil der Wahrheit erfahren, denn bald würden alle wissen, daß Kilmeny sprechen konnte.

„Es hat heute abend etwas Ärger bei den Gordons gegeben, Mr. Williamson“, sagte er ruhig. „Neil Gordon hat sich schlecht benommen und Kilmeny einen Riesenschreck eingejagt – und der Schock hat etwas Unglaubliches bewirkt. Sie kann jetzt sprechen – und zwar perfekt.“

Der alte Robert ließ das Stück Käse sinken, daß er auf einer Messerspitze zum Mund geführt hatte, und starrte Eric fassungslos an.

„Gott bewahre, Master, was für eine unglaubliche Geschichte!“ stieß er hervor. „Ist das auch wahr? Oder wollen Sie sehen, ob Sie einen alten Mann zum Narren halten können?“

„Nein, Mr. Williamson, ich versichere Ihnen, es ist die Wahrheit. Dr. Baker hat gesagt, daß ein Schock sie heilen könnte – und so war es. Und was Neil betrifft, er hat Lindsay verlassen – zweifellos für immer, und ich denke, es ist gut so.“

Mit diesen Worten verließ Eric die Küche. Als er die Treppe hinaufstieg, hörte er den alten Robert entgeistert murmeln: „Also, so etwas habe ich noch nie gehört – nie – nie. Timothy, hast *du* je so etwas gehört? Bei den Gordons weiß man nie, woran man ist. Sie könnten nicht sein wie andere, selbst wenn sie wollten. Ich muß Mutter wecken und es ihr erzählen. Vorher mache ich kein Auge zu.“

19. Sieg über alle Widerstände

Jetzt, da alles geregelt war, wollte Eric seine Stelle aufgeben und nach Hause zurückkehren. Er hatte zwar unterschrieben, daß er ein Jahr an der Schule unterrichten würde, aber er wußte, daß man ihn gehen lassen würde, wenn er einen guten Nachfolger fand. Er beschloß, bis zu den Herbstferien zu unterrichten, die im Oktober begannen, und dann zu gehen. Kilmeny wollte ihn im nächsten Frühling heiraten. Eric hatte sich ein früheres Datum gewünscht, aber Kilmeny war fest entschlossen, und Thomas und Janet gaben ihr recht.

„Ich habe noch soviel zu lernen, bevor ich heiraten kann", hatte Kilmeny gesagt. „Und ich will mich daran gewöhnen, Leute zu sehen. Ich habe immer etwas Angst, wenn ich jemanden sehe, den ich nicht kenne, auch wenn ich es mir nicht anmerken lasse. Ich gehe ab jetzt mit Onkel Thomas und Tante Janet zur Kirche und den Treffen der Missionary Society. Und Onkel Thomas sagt, er werde mich im Winter in ein Internat in der Stadt schicken, wenn du einverstanden bist."

Eric war sofort dagegen. Die Vorstellung von Kilmeny im Internat war einfach nur zum Lachen.

„Sie kann alles Nötige ebensogut nach unserer Hochzeit lernen wie vorher", murrte er, als er mit ihrem Onkel und ihrer Tante sprach.

„Aber wir wollen sie gern noch einen Winter bei uns behalten", erklärte Thomas Gordon geduldig. „Wir werden sie furchtbar vermissen, wenn sie geht, Master. Sie war bisher nicht einmal einen Tag von zu Hause weg – sie ist der einzige Sonnenschein in unserem Leben. Es ist sehr gütig von Ihnen zu sagen, daß sie uns besuchen kann, sooft sie will, aber es wird nicht mehr sein wie vorher. Sie wird in Ihre Welt gehören und nicht mehr in unsere. Das ist auch gut so – und wir wollen es nicht anders. Aber lassen Sie sie noch einen Winter bei uns."

Eric gab nach und machte gute Miene. Er sagte sich, daß Lindsay nicht so weit weg von Queenslea war und daß es Schiffe und Züge gab.

„Haben Sie Ihrem Vater schon alles erzählt?" fragte Janet besorgt.

Nein, das hatte er nicht. Aber er ging nach Hause und schrieb dem alten Mr. Marshall einen langen Brief, in dem er seinen ganzen Sommer schilderte.

Mr. Marshall senior beantwortete den Brief persönlich. Ein paar Tage später kam Eric aus der Schule und traf seinen Vater in Mrs. Williamsons blitzsauberem Wohnzimmer an. Erics Brief kam jedoch erst nach dem Tee zur Sprache. Als sie allein waren, sagte Mr. Marshall abrupt: „Eric, was hat es mit diesem Mädchen auf sich? Ich hoffe, du hast dich nicht zum Narren gemacht – es klingt sehr danach! Ein Mädchen, das ein Leben lang stumm war – das kein Recht auf den Namen seines Vaters hat – ein Mädchen vom Land, das in einem Nest wie Lindsay aufgewachsen ist! Deine Frau muß den Platz deiner Mutter einnehmen – und deine Mutter war eine Perle unter den Frauen. Glaubst du, daß dieses Mädchen ihr das Wasser reichen kann? Das ist unmöglich! Du hast dir von einem hübschen Gesicht und mädchenhafter Frische den Kopf verdrehen lassen. Ich dachte mir schon, daß diese Schnapsidee, hier zu unterrichten, uns irgendeinen Ärger einbringen würde."

„Warte, bis du Kilmeny gesehen hast, Vater", sagte Eric lächelnd.

„Hmpf! Genau das hat David Baker auch gesagt. Nach deinem Brief bin ich schnurstracks zu ihm gegangen, denn ich wußte, daß ein Zusammenhang zu seinem geheimnisvollen Besuch hier bestand – über den ich kein Wort aus ihm herausbekommen konnte. Und auch *er* sagte nur: ‚Warten Sie, bis Sie Kilmeny Gordon gesehen haben, Sir.‘ Nun gut, ich *werde* warten, bis ich sie gesehen habe, aber ich werde sie mit den Augen eines Fünfundsechzigjährigen sehen, denk daran, nicht mit denen eines Vierundzwanzigjährigen. Und wenn sie nicht so ist, wie deine Frau sein sollte, Sir, dann gibst du sie auf oder stehst auf eigenen Füßen. Ich werde dir nicht dabei behilflich sein, einen Narren aus dir zu machen oder dein Leben zu ruinieren.“

Eric biß sich auf die Lippen, sagte aber nur gelassen: „Komm mit, Vater. Gehen wir zu ihr.“

Sie gingen die Hauptstraße und den Weg entlang, der zum Haus der Gordons führte. Kilmeny war nicht zu Hause, als sie ankamen.

„Sie ist in dem alten Obstgarten, Master“, sagte Janet. „Sie liebt diesen Ort so sehr, daß sie jede freie Minute dort verbringt. Zum Lernen geht sie auch gern dorthin.“

Sie setzten sich und sprachen eine Weile mit Thomas und Janet. Als sie gegangen waren, sagte Mr. Marshall: „Ich mag diese Leute. Wenn Thomas Gordon so wäre wie Robert Williamson, hätte ich nicht gewartet, bis ich Kilmeny gesehen habe. Aber sie sind in Ordnung – etwas ungehobelt, aber aus gutem Holz! Aber ich muß ehrlich sagen, ich hoffe, daß deine junge Dame nicht den gleichen Mund hat wie ihre Tante.“

„Kilmenys Mund ist schön wie ein Liebeslied“, sagte Eric überschwenglich.

„Hmpf!“ sagte Mr. Marshall. „Nun ja“, fügte er nachsichtiger hinzu, „ich war auch einmal sechs Monate lang ein Dichter – als ich deiner Mutter den Hof machte.“

Kilmeny saß auf der Bank bei den Fliederbüschen und las, als sie in den Obstgarten kamen. Sie stand auf und ging ihnen schüchtern entgegen. Sie ahnte, wer der hochgewachsene, weißhaarige alte Herr neben Eric war. Als sie näherkam, sah Eric hingerissen, daß sie schöner aussah als je zuvor. Sie trug ein Kleid in ihrer Lieblingsfarbe Blau, schlicht geschnitten wie alle ihre Kleider, das ihre schöne schlanke Gestalt voll zur Geltung brachte. Ihr glänzendes schwarzes Haar war geflochten und in einem Kranz um ihren Kopf gewunden, geschmückt mit wilden Astern, die leuchteten wie Purpursterne. Ihr Gesicht war vor Aufregung leicht gerötet. Sie sah aus wie eine Prinzessin mit einer Krone aus dem Sonnenlicht, das durch die alten Bäume fiel.

„Vater, das ist Kilmeny", sagte Eric stolz.

Kilmeny murmelte schüchtern eine Begrüßung und reichte Mr. Marshall die Hand. Er nahm sie und hielt sie eine Weile fest, wobei er sie so durchdringend ansah, daß sogar ihr offener Blick seinen durchdringenden alten Augen nicht standhalten konnte. Dann zog er sie an sich und küßte sie auf die Stirn.

„Meine Liebe", sagte er, „ich bin glücklich und stolz, daß du die Frau meines Sohnes werden willst – und meine geliebte und geehrte Tochter."

Eric wandte sich jäh ab, weil sein Gefühl ihn überwältigte. Sein Gesicht leuchtete wie das eines Menschen, der eine wunderbare Zukunft vor sich sieht.